Pour Bob Daly
à qui le magret doit tout
Betty la Niçoise -
et pour la affection
Bonne lecture

Je pense, donc je suis

Du même auteur

Le nouveau cuisinier gascon, éditions Stock, 1982.

Foie gras, magret, the good food from Gascony, Random House, 1993.

1 canard, 2 Daguin, recettes et dialogues autour du canard,
en collaboration avec Arnaud Daguin, éditions Sud Ouest, 2010.

André Daguin

Je pense, donc je cuis

Portraits & anecdotes

Préface de ses petites-filles Diane et Alix

ÉDITIONS SUD OUEST

ISBN : 978-2-87901-320-6 ~ N° éditeur : 01.03.09.13

Préface

Voici une préface écrite transatlantiquement et à quatre mains pour notre Papi (ou Grandpa selon le côté de l'Atlantique) et PAS encore arrière-grand-père, nanananère.

Notre Papi est chef, gascon, homme politique, amateur de documentaires animaliers pendant la sieste, dévoreur de mots croisés. Il est aussi un peu enveloppé, blagueur, roi des chatouilles, et apparemment maintenant le voilà écrivain.

Mais c'est avant tout un vrai papi gâteau. Il fait la cuisine, c'est-à-dire qu'il donne les directives pour la faire. Du gratin de nouilles au cassoulet en passant par le coq au vin, on en a découpé des carottes et on en a pleuré des oignons.

Notre Papi nous a ouvertes à un monde rempli d'histoires et d'aventures dans cet hôtel qu'on a connu à travers nos yeux de petites filles chercheuses de trésors. Au lieu de nous lire des contes, il nous permettait de les vivre ! Quel meilleur terrain de jeux que ce lieu magique où nous avions presque tous les droits ?

Nous passions régulièrement derrière le bar en cuivre pour servir le Pousse-rapière avec Bernard le barman. Une fois, Papi nous a laissé éparpiller des pétards dans tout le hall de l'hôtel pour accueillir notre arrière-grand-mère (la maman de mamie) légèrement sourde, même très sourde.

Nous étions reçues pour les vacances d'été comme deux reines, habillées pareil par Mamie, nourries par Papi et sa brigade et chouchoutées par tout le reste de l'équipe.

Dans l'appartement, au dernier étage, la journée commençait par le rituel du petit-déjeuner. Nous adorions ouvrir la porte à Juliette, la femme de chambre, pour laisser entrer l'odeur de café et de pain chaud dans la pièce. Nous courions alors sauter sur le lit et nous installer entre Papi et Mamie. Nous ne devions plus bouger pour ne pas renverser l'argenterie. Papi nouait sa grande serviette autour de son cou pour ne pas faire de « bougnette » et posait le lourd plateau sur son gros ventre. Nous pouvions attaquer.

Des anecdotes écrites ici, nous n'en connaissions aucune, et nous les trouvons bien sérieuses et bien sages (bon, il y en a de moins sages aussi).

Espérons que grâce à ce livre, Papi aura pris goût à la narration et que bientôt, il en partagera davantage.

Diane et Alix,
petites-filles d'André Daguin

CHAPITRE 1

Hippolyte et les cuivres

« Les grands-mères, disait James de Coquet[1], savent faire de jolis bruits avec les oignons qui cuisent. » La mienne aussi, mais elle le faisait dans des récipients fragiles et sur des feux parcimonieux. Blanquette, daube, sauté de mouton (car il y avait encore des moutons), poules farcies, civets, coqs au vin (car il y avait encore des coqs) et autres sauces de cuisine de femme mijotaient bulle à bulle : deux bulles simultanées auraient été signe d'une hâte nuisible aux émulsions lentes des sauces réussies.

Comme d'autres ailleurs charment les serpents, ma grand-mère Hippolyte avait l'art de charmer les ébullitions qui, sous sa surveillance, jamais ne cessaient et jamais ne s'emballaient. Fourneaux à bois et casseroles en caillou, c'est-à-dire en terre cuite à fond épais, étaient les instruments du petit orchestre dont elle était le chef. Cuisinière était son état, la cuisine était son royaume. Mon grand-père, lui, était restaurateur : il s'occupait de tout le reste en gardant l'œil sur une cuisine à la porte de laquelle son pouvoir s'arrêtait.

Né à Betcave, près de Simorre, Lucien Daguin fit à la fin du XIXe siècle son apprentissage de mitron. Pour cela, il accomplit l'obligatoire tour de France, seul visa à l'époque

---

1. James de Coquet (1898-1988), chroniqueur gastronomique du *Figaro,* auteur de plusieurs livres de cuisine.

pour prétendre s'installer dans la boulange. À Paris, plusieurs pétrins n'avaient plus de secret pour lui. Il avait séjourné longuement à la capitale, mais il préféra le Gers pour ouvrir sa boulangerie : à Saint-Jean-Poutge, ce village gersois où les archéologues ont récemment mis au jour une luxueuse étape destinée aux voyageurs circulant sur la voie romaine de Toulouse à Bordeaux. C'est en accomplissant la tournée, en charrette à cheval, dans les fermes à la ronde pour y distribuer les miches qui se bonifiaient au fil de la semaine sans rassir, qu'il rencontra sa mie : Hippolyte. Elle était cuisinière au château de Larroque, à Ordan. Il l'épousa, lui offrant en partage, à Saint-Jean-Poutge, les fourneaux d'une auberge avec vue imprenable sur les quais de la Baïse, terminus d'une rivière navigable où mes grands-parents virent apponter les dernières gabarres. Ces chalands, qui descendaient sacs de grains et plus encore barriques d'eau-de-vie vers Bordeaux via le canal latéral de la Garonne, débarquaient à leur table les contingents de mariniers. En ravageant le vignoble français, dont celui du Gers qui épousait tout le département, le phylloxéra mit un terme à ce commerce lucratif.

Un peu après la Grande Guerre, Lucien et Hippolyte s'expatrièrent pour la grande ville, à Auch, déplaçant de vingt kilomètres leur enseigne *Chez Lucien Daguin*. Elle indiqua tout d'abord une auberge du quartier de la Patte-d'Oie en rive droite du Gers, avant d'avoir pignon sur l'actuelle rue Bazillac. Pile poil au cœur des marchés de la capitale de Gascogne : d'un bout la halle aux grains, de l'autre le foirail. Pressée en affaires, la clientèle des maquignons et négociants se disait aussi pressée à table : pressée de consommer, même si elle était moins pressée ensuite de quitter la table. Lucien maniait déjà le fast-food grâce à l'art consommé du mijotage dont Hippolyte était la reine.

Fast-food et mijotage : même combat ! À cette époque, pas si lointaine, où le samedi était à Auch jour de presse et non pas jour de fuite, le restaurant de mes grands-parents se mettait au rythme de la vie de ses clients. Si les jours de semaine l'activité n'était pas frénétique, le samedi voyait affluer du foirail voisin des rangs serrés de convives affamés, assoiffés et pressés. Sitôt assis il fallait qu'ils soient servis et on savait le faire… Daubes, garbures, navarins, sautés d'agneau et autres plats mijotaient dès 7 heures du matin et jusqu'à 15 ou 16 heures. Le choix n'était pas large mais on n'avait pas à attendre : sitôt assis on pouvait être servi. Ce qui n'empêchait pas certains de passer deux fois plus de temps devant un armagnac dont on savait parler avant de le boire.

Cette méthode de service rapide devait faire des émules, mais jamais de la vie on n'aurait pensé à coincer du bœuf haché dans un petit pain. C'est sans doute pour cela que le fast-food ne s'est pas appelé le Mac Daguin.

L'affaire tournait rond. Pour la monter en gamme, mes grands-parents misèrent sur leur fils : il serait cuisinier. Il leur fit faire la révolution !

Mon père, Albert, finissant son tour de France de cuisinier à l'*Hôtel de Paris* à Monte-Carlo, venait quelquefois voir ses parents. Il leur décrivait le dernier piano à gaz qu'on venait d'y installer. C'était un progrès considérable : plus de charbon à stocker, plus de poussière noire sur les sauces quand on le rechargeait, qualité de chauffe au moins égale à celle du charbon. Pourquoi au lieu de cette petite cuisinière marchant au bois qu'il faut livrer, stocker, débiter, ne pas profiter du gaz de ville récemment installé pour faire gagner à Hippolyte, chaque jour, l'heure ou presque nécessaire au nettoyage du foyer et à l'allumage du feu ?

Malgré la crainte qu'inspirait ce fluide explosif, dangereux et malodorant, on installa le gaz dans la cuisine. Ma grand-mère gagna une heure chaque jour mais perdit toutes ses casseroles : la terre cuite ne supportait pas la chaleur brutale du brûleur à gaz. Toutes rendirent l'âme dans la semaine et le quartier garda longtemps le souvenir de l'engueulade sonore et circonstanciée que Lucien passa à Albert.

Le progrès causa des dégâts mais offrit une solution : la batterie en cuivre. Hippolyte devenait chef d'un véritable orchestre : un piano (à gaz), des cuivres, des mandolines, une batterie. En avant la musique.

Hippolyte connaissait la chanson. Albert y ajouta un couplet, moi le mien ; mes enfants Ariane, Arnaud et Anne composent actuellement les leurs. La saga familiale qui court maintenant sur un siècle aura connu plus de chamboulements en cent ans qu'au cours des millénaires qui ont précédé. Entre ma grand-mère experte en cuisson au bois et mes petites-filles pour lesquelles l'azote est un procédé familier, j'aurai vécu dans un siècle où il n'est pas possible de parler de cuisine sans le dire au pluriel.

Parlons donc cuisineS. Ancienne, classique, de palace, nouvelle, moléculaire, ethnique, l'épithète fleurit mais ne suffit pas à couvrir une réalité qui évolue quelquefois en crochets comme les trois-quarts centre, quelquefois tout droit comme un deuxième ligne, quelquefois en cagade comme un coup de pied dévissé, mais toujours plus vite que le vocabulaire.

La cuisine, c'est la vie et la vie, c'est le désordre. Elle ne s'accommode pas plus du congélateur du technocrate que des compartiments du linguiste.

Peut-être serait-il utile de s'intéresser à la manière dont on la fait plutôt qu'à la façon dont on l'appelle.

Dans nos cavernes et nos tanières originelles, on cuisinait accroupi. Les femmes, car c'étaient elles qui avaient la charge de cette technique nouvelle et dangereuse qu'était le feu, devaient se mettre à sa hauteur, c'est-à-dire au niveau du sol : c'était peut-être érotique pour l'homme, mais pas bon pour le dos de la cuisinière. Et ça a duré puisque la cuisine dans la cheminée se pratique quelquefois quand la pluie a noyé le barbecue du jardin.

Maintenant, on cuisine debout. Quatre ou cinq cent mille ans accroupi et deux siècles debout… et peu de gens voient ce qui n'est qu'un début d'évolution.

Que la cuisine suive l'évolution des techniques, quoi de plus naturel ? Bois, charbon, gaz, électricité, induction, micro-ondes pour produire de la chaleur. Neige, glacière, réfrigérateur, congélateur, azote liquide pour produire du froid. Tout se tient, tout se suit : il serait vain de vouloir arrêter cette marche. Que l'être humain essaie de faire mieux avec moins de temps perdu et moins d'efforts semble lui réussir : ne vit-on pas plus longtemps et en meilleur état au XXIe siècle qu'aux précédents ?

Les passéistes trouvent que tout était meilleur avant : savent-ils qu'avec l'âge le sens du goût diminue ?

Même si dans mes gènes ceux d'Hippolyte ont dû tracer un peu ma route de cuisinier, et malgré la tendresse qu'un petit-fils doit à son aïeule, je déclare haut et fort qu'il est formellement interdit d'imiter les grands-mères. Elles ont fait les meilleures blanquettes qui aient jamais été, elles nous ont fait goûter de bonnes tartes douces, leurs sauces étaient succulentes parce qu'elles savaient câliner les températures. Mais maintenant cela suffit, et pour deux raisons :

– la première, c'est que le temps magnifie les souvenirs et que, comme dans la mythologie grecque, chaque fois qu'on raconte, on en rajoute ;

– la deuxième est que produits et techniques ont changé et qu'il est impossible aujourd'hui de cuisiner comme hier.

J'ai donné deux raisons mais il y en a trois et la troisième est la plus forte : le goût et l'odorat déclinent dès l'âge de vingt-cinq ans. On ne peut donc pas éprouver d'émotions gustatives comparables à celles que nous procuraient nos grands-mères bien avant nos vingt-cinq ans.

La cuisine n'est pas l'affaire des vieux : la preuve, c'est que quand nous avions dix ans, nos grands-mères étaient encore jeunes.

Et puis, des goûts et des odeurs… vous savez ce que c'est ! Les uns comme les autres sont associés à des produits de l'agriculture, à des faits de nature, à des circonstances, à des occasions. N'en seraient-ils pas un peu tributaires ? Une poêlée de cèpes évoque le bois de chêne mouillé par un orage d'août, sauf quand l'ail est trop envahissant. Un râble de lièvre, simplement rôti, fait revivre l'odeur du gîte de plein champ. Un madiran, pas forcément très vieux, vous transporte en pleine vigne sous le soleil de septembre.

Et si quelque sorcier, c'est-à-dire quelque chimiste, arrivait à isoler les molécules de ces parfums ? Et si, avant qu'on ne le brûle en place publique, c'est-à-dire de nos jours avant qu'il ne soit montré du doigt par toute la presse, ce même chimiste arrivait à reconstituer les consistances des plats qui évoquent parfums, odeurs et souvenirs ? Pour ce qui est des couleurs, c'est déjà fait depuis longtemps.

Si toutes ces conditions étaient réunies, des cuisiniers d'abord saisis de vertige se mettraient à faire goûter des recettes qui n'auraient plus rien à voir avec les produits. Après tout, les peintres l'ont déjà fait : ils savent créer des émotions sans modèles, ils n'ont pas besoin d'être figuratifs, ils sont passés à l'abstrait. Les statues qui sortent des ateliers des sculpteurs ne ressemblent plus aux êtres ou aux choses qu'elles s'efforçaient d'incarner.

Donc le siècle attend le cuisinier intrépide, téméraire, qui fera goûter des recettes découplées des produits. Il aura à sa disposition une palette de goûts et de consistances comme le musicien a des notes ou le peintre des couleurs. Il déclenchera chez ses convives l'émotion gustative, la découverte, le vertige. Ce cuisinier ne s'est pas encore révélé, mais cela viendra, cent ans après Picasso, cinquante ans après René Char et quelques années après Hervé This[1].

Si comme tous les humains nous avons trois cerveaux : le reptilien, celui des mammifères et le cerveau de l'*Homo*

---

1. Hervé This, né en 1955, est un physico-chimiste français spécialisé en gastronomie moléculaire. Depuis 2006 il anime le groupe de gastronomie moléculaire pour l'INRA/Agro Paris Tech ; il préside le comité pédagogique de l'Institut des hautes études du goût ; il est directeur scientifique de la Fondation science & culture alimentaire. La cuisine moléculaire est une discipline qui applique aux arts culinaires la science des aliments. Hervé This est, avec le physicien anglais Nicholas Kurti, l'inventeur, en 1988, du terme « gastronomie moléculaire et physique » ; nom abrégé, depuis 1992, en gastronomie moléculaire. Son plus célèbre représentant est le chef catalan Ferran Adrià (El Bulli à Rosas, Espagne) qui qualifie son art « d'avant-garde créative ». En France, Pierre Gagnaire, Thierry Marx, Marc Veyrat… défendent la gastronomie moléculaire.

sapiens sapiens, nous allons pouvoir connaître trois sortes de plaisir :

– celui de nous repaître : manger pour n'être pas mangé ;

– celui de goûter : c'est-à-dire choisir comme les mammifères ;

– celui d'évoquer : comme seul notre troisième cerveau le permet.

La cuisine goût par goût, note à note, s'adresse bien sûr au troisième cerveau, mais rien ne nous empêche de nous servir des deux autres.

CHAPITRE 2

Albert achète l'*Hôtel de France*

Entre la fin du XIXe siècle et le début du XXe, avant que l'hécatombe de la Grande Guerre ne saigne le Gers, vivait dans une belle aisance et dans un bel immeuble de la rue du 4-Septembre, à Auch, un « original ». Ainsi appelait-on ces farfelus à cette époque.

Fin juin, il faisait rouler les tapis, envelopper les lustres, décrocher les rideaux, poser des housses sur les meubles. Ses malles garnies et refermées, il envoyait tout son personnel de maison en vacances pour tout le mois de juillet : il avait la fibre sociale. Il faisait ensuite charger ses bagages dans une voiture, dont il est inutile de préciser qu'elle était à cheval, pour descendre à la gare d'Auch. Une fois arrivé à la gare, les malles et l'original étaient transférés dans l'omnibus, à cheval bien sûr, qui faisait le service des hôtels. Et direction l'*Hôtel de France*, qui était, et qui est toujours, exactement en face du domicile de l'original. On l'y installait pour un mois et, fin juillet, le même scénario se déroulait dans l'autre sens.

À ceux qui lui demandaient pourquoi il passait son mois de vacances en face de chez lui, il répondait : « Le climat de la ville me convient, la cuisine de l'*Hôtel de France* aussi. Et je peux aussi faire ma partie de manille chaque après-midi au café *Daroles* ; je ne la manquerais pour rien au monde ! »

Cet original voyageur, casanier, de la Belle Époque qui se dépaysait à grands frais en traversant la rue, nous en dit long sur la notoriété d'un hôtel-restaurant parmi les plus anciens de la ville d'Auch. Il est en effet recensé, sous l'Ancien Régime, avec huit autres établissements, lors de l'inventaire des tenanciers de la ville que commande en 1759 l'intendant d'Étigny. Celui qui administra la généralité de Gascogne, Béarn et Navarre de 1751 à 1767, et a métamorphosé Auch, cité moyenâgeuse, en capitale royale. Cet inventaire nous apprend qu'Alexandre Tarbouriech est hôtelier aux *Armes de France*, en haut de la colline, au départ de la route de Vic-Fezensac, Mont-de-Marsan et Bayonne, celle que Louis XIV a empruntée cent ans plus tôt pour aller se marier à Saint-Jean-de-Luz. Il y est précisé que Pierre Tarbouriech, son frère, est aubergiste à *La Daurade*, au pied de la même colline, côté sud. Tous deux, qui avaient construit leurs commerces hors les murs de la cité médiévale, se retrouvèrent en ville, d'Étigny venant de raser les remparts et leurs neuf portes d'entrée. Cette urbanisation que les défenseurs du patrimoine qualifieraient aujourd'hui de sauvage propulsa l'hôtel d'Alexandre aux premières loges des desseins du fameux intendant qui organisaient la place Royale sous ses fenêtres. Fenêtres d'Alexandre qui n'allaient pas tarder à s'ouvrir sur celles de la demeure du grand commis de l'État venu administrer la Gascogne. D'Étigny se fit en effet construire là un hôtel particulier à la hauteur de sa charge, comportant même un petit bijou de théâtre à l'italienne que d'aucuns trouveraient volontiers désuet si son acoustique n'en faisait à ce jour encore une perle… dont s'enorgueillit la mairie d'Auch qui a fait sien l'hôtel d'Étigny.

Face à la cathédrale Sainte-Marie, haut lieu du pèlerinage de Compostelle et classée à ce titre au patrimoine mondial de l'Humanité depuis 1998, la demeure de l'intendant est restée siège du pouvoir temporel en abritant l'actuel hôtel de ville.

Quant à l'établissement d'Alexandre « dont l'implantation reste inchangée depuis le premier quart du XVIIIe siècle[1] », il a vu naître la place Royale et l'a vue devenir place de la Libération après avoir été place du Maréchal-Pétain.

Qui peut imaginer, en 2013, que dans la grande salle de restaurant de l'*Hôtel de France* se situaient les écuries d'un relais de poste ? Celui d'Alexandre Tarbouriech qui, il y aura bientôt trois cents ans, accueillait à ses *Armes de France* les voyageurs en route pour Paris en diligences. Les Tarbouriech le créèrent vers 1730 ; on disait alors aller « chez Alexandre ». Lui succédèrent les Dartigues entre 1888 et 1920. On irait bientôt « chez Daguin » tout autant « qu'à l'*Hôtel de France* », à cause d'Albert.

Bien avant que mon père, Albert, ne l'achète en 1926, mon grand-père Lucien y avait été cuisinier pendant deux ans, en 1886-1887. Pour l'heure il attendait avec Hippolyte, dans son auberge aux portes du foirail, qu'Albert revienne de son tour de France.

Pour l'heure, il était toujours à Monte-Carlo à l'*Hôtel de Paris*. Quand il revenait voir ses parents, le jeune et fringant cuisinier côtoyait forcément le tout Auch, celui qui fait et défait les affaires. Il y avait là un club que j'ai

---

1. Communication de la Société archéologique du Gers dans le bulletin du 3e trimestre 1987.

d'ailleurs connu dans mon enfance. Voilà sans doute le plus ancien club de notre ville, à défaut d'être le plus huppé. Informel, dépourvu de statuts, se passant de calendrier de réunion, il a accueilli en son sein quelques femmes qui ont toutes été nommées coprésidents : tous les membres étaient coprésidents de droit, c'était bon pour la démocratie. Dans un désordre de bon aloi, on y analysait l'actualité, on y commentait l'Histoire mais moins que la petite histoire qui, croustillant davantage, permettait l'anecdote et n'interdisait pas une médisance de bon ton. Son siège, et c'était bien le mot, était l'un des deux bancs publics adossés à la façade de la mairie, bien à l'abri des vents d'ouest et à l'ombre dès 16 heures. Sa compétence était très large, voire générale. Elle émettait des avis sur tous les sujets : c'était le club « Je sais tout et un peu plus ».

Dans les années vingt, ce club dut faire des gorges chaudes des mésaventures de l'*Hôtel de France*. Entièrement rénové juste avant la Grande Guerre, l'hôtel drapeau de la ville venait de voir son propriétaire, un certain Castéra, épouser une Allemande. L'idylle faisait désordre en ces temps douloureux. L'hôtel fut mis en vente.

C'est là que maîtres Ader, Cassagnac et Czulowski, trois Auscitains tenant le haut du pavé, des habitués de la table de mes grands-parents au foirail, virent en Albert le repreneur idéal. Diplômes et recommandations de luxe en poche, cet enfant du pays était tout indiqué pour tenir le grand hôtel flambant neuf. « Tu dois l'acheter » dirent-ils à mon père qui bien sûr n'avait pas les 300 000 francs pour le faire. Pas de souci, « on te les prête » topèrent-ils là. Et l'affaire fut faite grâce à ce prêt sur parole que mon père rembourserait au gré de ses bénéfices.

Maître Ader était un notaire qui pensait que la parole valait autant que l'écrit. Grande barbe, tout entière poivre et sel, je me souviens qu'il venait déjeuner le samedi midi, midi juste et quelquefois avant, car il avait une voiture à pétrole. Les jours où il était en avance, je me retrouvais avec lui au coin du feu à parler de choses et d'autres. Ce n'était pas facile : nous avions soixante-quinze ans de différence d'âge mais nous avions de l'appétit tous les deux. Et il était bienveillant. Il affirmait être pour le progrès et j'en avais la preuve : il conduisait une belle voiture… dont il n'avait jamais voulu passer la marche arrière.

Cassagnac, c'était l'épée du barreau. Duelliste, fils et petit-fils de duelliste, avocat, licencié ès lettres, ce colonel de réserve récemment démobilisé a traversé deux guerres comme il traverserait la foule les jours de marché : tout droit. Poète, Maïa était sa muse. Il ne dédaignait pas les sports de combat. Boxe française, canne, bâton et surtout épée lui étaient familiers. Pendant l'occupation allemande, il a pu illustrer l'idée qu'il avait de la hiérarchie : il saluait avec respect le colonel allemand qui commandait la garnison d'Auch, mais avait obtenu de se faire saluer par tous les autres officiers en dessous du grade colonel.

Il écoutait Radio Londres et tenait à laisser l'aiguille en place : il aurait répugné d'avoir à se cacher. Dans un hôtel plein de soldats allemands, c'était risqué. Un journaliste pour qui Vichy s'avérera par la suite une source d'embêtements avait cru bon de titrer : *Ces mauvais Français qui écoutent Londres.* Cassagnac, car c'est bien de lui qu'il s'agissait, lui fit savoir combien ce titre était malencontreux et peut-être dangereux pour son intégrité physique s'il le rencontrait.

Auch est une petite ville, la rencontre ne pouvait pas ne pas avoir lieu : elle se fit dans une rue Dessoles pas encore piétonnière mais déjà étroite. Couvert de bleus, blanc de peur et rouge de honte, le journaliste fut jeté à la terrasse du café Daroles, aux pieds de quelques officiers allemands qui y étaient assis. « Je crois que c'est à vous » fut le seul commentaire de cette livraison.

Czulowski, l'industriel du trio, avait sans doute apporté ses conseils avisés en avançant la mise afin que le jeune chef de cuisine devienne désormais chef d'entreprise.

C'est donc grâce à ces personnages aux caractères bien trempés, gastronomes sans doute, banquiers assurément par philanthropie, que mon père Albert fit, en 1926, l'acquisition de l'*Hôtel de France*. Formé à la cuisine internationale des palaces, il en appliqua soigneusement les principes à la cuisine gasconne, inventant les gammes d'une nouvelle cuisine glorifiant les couleurs régionales. Comme quoi, pour faire progresser une discipline, mieux vaut aller apprendre ailleurs. Une partition qui fut récompensée dix ans plus tard, et un an après ma naissance, par une étoile au Guide Michelin, celui dont usaient les membres du Touring Club pour tracer leurs routes gourmandes et futées ; celui que ne dédaignaient pas les voyageurs de commerce qui prospectaient la ville durant une semaine entière.

Lorsqu'il avait pris possession de l'*Hôtel de France*, mon père n'était peut-être pas très argenté, mais il avait su s'entourer ! Il revenait à Auch jeune marié à Lucienne, une Provençale rencontrée à Berre-l'Étang à l'heure de son service militaire. Lucienne avait quatre sœurs ; deux suivirent le couple pour lancer l'affaire de famille. Albert, tel un coq en pâte, avait à ses côtés trois maîtresses femmes pour orchestrer la musique. Question baguette, ma mère se posait là. J'ai en mémoire l'une de ses engueulades qui eut pour cadre les liaisons dangereuses qu'imposèrent les forces d'Occupation en réquisitionnant l'hôtel.

Au début de l'été 1943, ce n'est pas qu'on manquait de tout, mais ce qu'on trouvait ne valait pas tripette : les ersatz faisaient rage et c'était souvent le mot quand on voyait dans quel état ils mettaient ceux qui les utilisaient.

Chaussé d'une paire de sandales de corde dont la corde avait été remplacée par un ersatz de belle apparence mais de peu de consistance, j'avais passé l'après-midi à courir dans le quartier avec les copains de mon âge. À mon retour, dans le hall de l'hôtel, ma mère, à la vue des espadrilles dévastées, entama une série de remontrances sonores et que je trouvai longues. Tout à coup, à mon grand étonnement, elle s'arrêta : le capitaine SS Jaeger venait d'arriver dans mon dos et je l'entendis dire de sa voix froide : « Madame, à son âge, ce n'est pas une paire d'espadrilles mais un pantalon que je détruisais par jour ! » Voila un ami, me dis-je, et puissant puisqu'il arrive à faire taire ma mère !

Puissant et craint, il l'était… et s'il avait su que, la nuit, ma mère décollait à la vapeur son courrier !

Drôle de guerre que je vécus enfant sans comprendre que le danger était notre pain quotidien et dont il me reste aujourd'hui les miettes semées par les aînés. Je me souviens de cette minoterie de Biran où se cachaient des « réfractaires » et quelques-uns des soldats du terrible colonel Camillo. Le minotier, résistant de la première heure et très diplomate, s'était dit que la meilleure façon de se cacher était de se faire voir. Il invitait donc les officiers de la Wermacht à déjeuner dans son moulin et tout ce petit monde qui ne se cachait plus pouvait rester caché. Un jour, l'un des « réfractaires », avisant le portemanteau du vestibule où étaient suspendus les revolvers et les casquettes des officiers, dit au minotier : « On prend les armes et on les tue tous. » Le minotier réfléchit et lui répondit : « On pourrait, mais on ne le fera pas : ils seraient trop difficiles à remplacer. »

L'humour comme arme de dissuasion, Paul Rouméguère n'en manquait pas non plus. Il avait été garçon dans un petit café modeste : il était devenu le patron du café chic de la ville, celui que seuls les officiers pouvaient fréquenter : le Daroles. Le nœud papillon sous un visage à l'œil vif, la parole aisée, la plaisanterie facile… Non, pas facile, car à cette époque où la radio crépitait à peine et où la TV passait pour une utopie, la plaisanterie se préparait. Il fallait bien de la préparation pour que l'encre violette passe pour le dernier apéritif à la mode. Il fallait de l'imagination pour faire croire à quelque nouveau client que la griffe de lion qui ornait le gilet d'un habitué était sa dent de sagesse dont l'extraction avait beaucoup fait souffrir ou pour avoir l'idée de clouer au plancher les sabots d'un plongeur un peu poivrot qui avait tendance à se servir furtivement quelques apéritifs de trop. Mais l'imagination n'allait pas jusqu'à servir à manger dans un café. Au café, on allait voir ses amis, participer aux débats de ce parlement du peuple, boire éventuellement avant de rentrer manger chez soi.

CHAPITRE 3

« Tu seras professionnel, mon fils ! »

Le 11 novembre 1942, une surprise nous attendait à notre sortie du Petit Lycée : dans une ville désertée et encore plus silencieuse que d'habitude, déboula de chez Branet, rue Victor-Hugo, une moto allemande dont descendit un gendarme. On voyait que c'était un gendarme militaire teuton au fait qu'il portait au cou une plaque de fer semblable à celle que nous voyions d'habitude clouées dans les étables célébrant les mérites de tel taureau reproducteur ou de telle vache laitière. Ceci ajouté au fait qu'il avait à la main une espèce de longue raquette de ping-pong rouge autour et blanc au milieu nous porta à rire : l'avenir allait nous montrer qu'il ne valait mieux pas. Les dizaines de chars, de camions et de blindés dont il ouvrait la route nous laissèrent sans voix, inquiets et admiratifs tout de même.

J'avais sept ans et la guerre entrait dans notre vie, compagne insidieuse des apprentissages qui structurent un enfant parvenant à l'âge de raison. Dieu merci, l'école et les copains permirent de traverser l'époque sans dégâts. Nos maîtres s'y entendaient pour nous faire oublier l'occupant en donnant à nos méninges juvéniles ce qu'il fallait de fil à retordre pour les muscler.

Se poursuivirent dans les pages de nos cahiers du jour des trains qui ne partaient pas à la même heure, qui se croisaient en des points restés mystérieux depuis ; d'autres trains lancés à la rencontre l'un de l'autre par des chefs de gare devenus fous comptaient sur notre puissance de calcul pour savoir où et quand commencer à freiner pour ne pas se rentrer dedans sans toutefois perdre trop de temps. Des troupeaux de baignoires se remplirent, des éviers se vidèrent alimentés par des robinets qu'on négligeait de fermer quand la vidange était ouverte. Nous abordions la théorie et ça nous fit beaucoup rigoler au début : nous ne savions pas que les maths se cachaient derrière, comme le whisky se cachait dans les Coca-Cola d'Antoine Blondin qui userait, plus tard, de ses célèbres verres de contact au comptoir de l'*Hôtel de France*.

Enluminés par la plume Sergent-Major rouge de Monsieur A. dont la régularité d'écriture nous laissait pantois, les devoirs nous étaient rendus et le cahier le plus enluminé, bien sûr, n'était pas le mieux noté.

Le beau cachait le moins bon : ce doit être de cette époque que nous vint cette méfiance des filles trop fardées.

Octobre 1945 nous arriva dans sa gloire de vendanges au grand soleil. 1945 : le premier de ces millésimes du siècle qui deviennent presque annuels et, avec l'arrivée des productions du Chili, de l'Australie, de l'Afrique du Sud, on va pouvoir en faire deux par an.

Grand millésime et Grand Lycée : nous entrions maintenant par la grande porte Salinis du docte établissement où Nostradamus aurait enseigné, ou plutôt par la toute petite à côté de la grande, celle qui longeait la loge de l'homme à l'arrosoir, l'homme au clairon. Il se servait de l'un et de l'autre pour faire des bruits ; et ceux provenant de l'arrosoir étaient habituellement plus harmonieux que ceux qu'il parvenait à tirer du clairon. Ces bruits étaient censés attirer l'attention des élèves et des professeurs quand quelque circulaire administrative ou note de service venait rompre le train-train de nos horaires quotidiens. C'était le bras séculier de l'académie et dans ce cas, le singulier était tout à fait adapté. Le bras droit s'entend : il avait laissé le gauche à Verdun.

En face, et doublement symétrique puisqu'il se tenait face au précédent et que son bras droit était resté en Argonne, « Pitt's », le censeur, nous considérait d'un œil attentif, bienveillant mais souvent consterné. Bref, avec eux, le Grand Lycée nous tendait les bras mais il fallait qu'ils soient deux pour le faire. Les plus espiègles d'entre nous savaient s'enfuir virage à droite ou virage à gauche selon le poursuivant.

Les complexes n'étaient pas dans le paysage ; les psychiatres ne ressemblaient pas encore à leurs patients. Quant aux psychologues, ils n'étaient même pas une lueur dans l'œil de leurs parents. Nous avions tous envie de vivre et nous commencions à le prouver à ces enseignants que les « parents d'élèves » n'avaient pas encore émasculés. À cette époque, il était habituel que le parent d'un élève vienne dire au maître que pour chaque gifle en classe le petit en prendrait deux à la maison. Coincés, notre marge de manœuvre était faible, notre seule certitude était de recevoir un nombre impair de beignes.

Bien sûr il y avait aussi les récréations ; tout aussi formatrices et dévastatrices des fonds de culottes que les bancs de nos salles de classe.

Sport et billes – nous disions boules – entrèrent dans notre vie : le sport à cause des deux frères Verdier, Jacques l'aîné et Claude le cadet, tous deux très doués pour toutes les activités physiques et avec qui nous commencions à défricher un peu de rugby dans la cour du Petit Lycée.

Et ce voyou de Claude, dit « Mistoufle », nous faisait croire qu'il pouvait, lui, marquer indifféremment à l'un ou à l'autre bout du terrain… La cour, heureusement pour nos genoux d'apprentis rugbymen, n'était pas goudronnée, elle permettait de belles parties de billes. Les règles étaient obscures, évolutives, arbitraires. Leur imprécision déclenchait des conflits à côté desquels nos tentatives de rugby étaient des jeux de salon. Les billes nous ont donné avant le rugby le goût de l'affrontement : en 9e, les billes étaient un sport de combat. Si elles avaient été ovales et si la terre n'était pas si basse, je crois que j'y jouerais encore.

J'avais le gabarit et l'envie, j'ai donc pratiqué le rugby. Je n'ai pas de mérite. Pour un Gascon, le rugby n'est pas une seconde nature ; c'est la première. Ainsi, j'ai tour à tour endossé le maillot de pilier gauche, de deuxième ligne gauche et de troisième ligne centre. Je l'ai mouillé avec les juniors du Football Club Auscitain (FCA) qui, comme son nom ne l'indique pas, est bien le club de rugby de la ville. J'y fis mes premières armes de capitaine que je fourbirais plus tard en équipe réserve avant d'entrer dans la cour des grands en équipe première. La balle ovale fut encore ma compagne pendant mes années universitaires à Toulouse où j'ai défendu les couleurs de la faculté de droit, au quinze comme au treize. Elle m'a suivi pendant mon service militaire au 5e Train. C'est pour elle que je fus licencié au Racing, y évoluant en espoirs puis en première, entre deux cours à l'École hôtelière de Paris puis pendant mon tour de France que j'ai effectué dans plusieurs restaurants de la capitale : *Restauration première* d'Air France à Orly (au moment où les avions ont commencé à voler trop vite pour que les passagers du Paris-Londres aient le temps de finir leur repas), *Chez Albert*, le deux étoiles de l'avenue du Maine, et *Charlot premier* (poissons).

Les tours de France, c'est un peu à chacun son tour. Le plus célèbre se fait à vélo, précédé par une caravane dont le rôle est de ne pas passer inaperçue, et il faut aller vite.

Ceux qui apprirent leur métier de la bonne façon, c'est-à-dire des mains vers leur cerveau, font aussi leur tour de France mais moins vite et en approfondissant chaque étape. Ils ne sont de vrais professionnels qu'après avoir bouclé leur tour, alors qu'à vélo, il faut être professionnel pour avoir le droit de le faire.

Lucien, mon grand-père, était ouvrier boulanger avant d'être restaurateur et c'est comme apprenti boulanger qu'il a fait son tour de France. Mon père Albert voulait être cuisinier et c'est pour apprendre son métier qu'il l'a fait. À cette époque, on n'était pas apprenti par défaut mais par une sorte de vocation qui vous jetait sur les routes pour aller de région en région, de place en place, observer, imiter, absorber méthodes et techniques.

Une fois son tour terminé, et il pouvait durer des années, on revenait dans son pays. Mais quelquefois, on se laissait capturer par la fille d'un patron, la sœur d'un compagnon, la perspective d'une bonne place ou d'une bonne succession. Le tour s'arrêtait et parfois aussi l'envie d'apprendre : tout homme a dans son cœur un bourgeois qui sommeille.

Si mon tour de France fut le meilleur des « internats », comme on dit chez les carabins, pour parachever mon apprentissage professionnel, le rugby fut le meilleur des mentors question école des choses de la vie.

« La genouillère gauche du pilier droit » pourrait faire office de titre d'une de ces leçons de choses. Autour des équipes de rugby de tous niveaux gravitent des personnages passionnés qui peuvent réciter la composante du XV de France depuis 1946. D'autres, plus locaux, ont en tête le nom de tous les joueurs de l'équipe de leur village depuis la Libération. D'autres coupent les citrons de la mi-temps, d'autres encore se veulent informateurs : ils savent tout sur l'équipe d'en face et connaissent le moyen infaillible de la battre.

Il y avait dans l'entourage de l'équipe de la fac de droit de Toulouse un curieux bonhomme à qui nous pouvions tout demander : il savait tout. Un jeudi (c'était le jeudi à l'époque), le match fac de droit/école vétérinaire allait se jouer sur le terrain de Chapou. Arrive le mystérieux qui me dit :

« Tu joues le deuxième ligne à gauche ; et le terrible D. comme tu sais, joue pilier droit, donc face à toi. Tu sais qu'il se remet d'une grave blessure au genou, tu connais donc son point faible.

– Oui, bien sûr.

– Non, dit-il, ne te trompe pas : sa genouillère, il la met sur le bon genou. Tu sais ce qu'il te reste à faire. »

Plus tard, l'art de rester capitaine, comparé à l'art de l'aspirant politique en quête de leadership, nous enseignera que les comportements les plus machiavéliques sont quelquefois payants entre les poteaux, même s'ils sont hors jeu.

Habile à conquérir le pouvoir (le ballon), mal à l'aise dans son exercice (utilisation), donc incapable de le conserver (conclure), notre capitaine pensait qu'entretenir la division dans son équipe serait pour lui une sécurité :

ce n'était qu'un aveu de faiblesse. Tirer contre son camp, mépriser ses partenaires, se moquer de ceux qui l'aidaient tout en pactisant à l'occasion avec le capitaine de l'équipe d'en face : voilà tout ce que le rugby déteste. Mais c'était sa méthode : on en a mesuré l'efficacité.

Sport équitable, le XV nous a aussi appris qu'on peut être petit par la taille mais grand par la voix. À Auch, on en sait quelque chose avec le « titi » de la Halle aux Herbes : Jacques Fouroux, qui fut un grand « Petit Capitaine » pour l'équipe de France. Certains disaient qu'il n'était pas notre meilleur demi de mêlée mais tous devaient reconnaître que quand il jouait, les quatorze autres étaient bien meilleurs qu'avec un autre capitaine. Avancer en âge ne l'avait pas fait grandir, il s'était seulement élargi. Sa voix, qui avait pris quelques décibels de plus dans les graves sans rien perdre dans les aigus, lui permettait de tracer autour de lui un périmètre sonore à l'intérieur duquel il était aussi aventureux qu'inutile d'essayer de se faire entendre. Que ce soit sur le terrain, dans le vestiaire, dans les tribunes ou au marché devant la cathédrale, on savait qu'il était là avant de l'avoir vu. Quand après un certain âge on n'a plus mal nulle part, c'est qu'on est mort ! Quand sur la place d'Auch on n'entend plus parler Jacques Fouroux, c'est qu'on est sourd… ou qu'il est mort.

Pour ma part, c'est grâce à mon assiduité aux entraînements sur les stades que j'ai pu faire l'EHP : l'École hôtelière de Paris.

Fac de droit : finaliste du championnat de France universitaire de rugby à XV et à XIII. Fac de lettres : vice-champion des Pyrénées de lancement du disque et finaliste au poids. Voilà de bien beaux résultats, mais ils ne m'ont permis d'intégrer la deuxième année ni dans une fac, ni dans l'autre : dans cette année de sports-études, le sport avait pris le pas sur les études.

Prenant bonne note de mes titres chez les amateurs, ma mère, inflexible, m'invita derechef à changer de catégorie : « Eh bien désormais, tu seras professionnel, mon fils ! » Le conseil de famille décida qu'il convenait d'aller voir du côté de l'École hôtelière de Paris.

N'ayant jamais été ni parisien ni pensionnaire, me voilà en pension à Paris. Les premiers jours furent riches en surprises : une cour de récréation sans arbres, des tenues de travail que je n'avais jamais vues qu'au cinéma, des professeurs un peu différents de ceux de la fac et qui n'avaient aucune connaissance du rugby, et surtout une façon de parler le français en ne prononçant pas la plupart des lettres : il me fallait traduire avant d'exécuter. Forcément, ça ralentissait un peu l'action et cette lenteur passait pour de la mauvaise volonté.

Mais mon étonnement le plus grand fut de voir un professeur maître d'hôtel aux manchettes amidonnées, fixées par des boutons de manchettes en or (ou dorés) dans lesquels était sertie une pierre noire ovale, nous montrer, geste à l'appui, comment il fallait repêcher la serpillière au fond du seau avant de l'essorer d'un geste aussi élégant que ferme. Je n'ai depuis plus jamais regardé les serpillières comme avant.

Du côté de la cuisine, l'étonnement n'aurait pas pu être plus grand : des cuisines, j'en avais vu et j'étais né dedans. Mais celle-là était majestueusement belle et me paraissait inaccessible puisqu'on n'y parlait jamais de foie gras frais, ni de cou farci, ni de confit, encore moins de maigret puisque je l'inventerais dans les années 1958-1959 une fois revenu à Auch. La garbure était ici ravalée au rang de potage : nous faisions des bonzaïs de garbure, j'en étais complice et je me sentais un peu coupable.

C'est sans doute pour expier cette complicité que je n'ai pas cessé, une fois rentré à Auch, de réveiller, de mettre sur le devant de la scène et d'inventer des produits locaux nouveaux.

CHAPITRE 4

Le restaurant, fils de la République

Soldat au 5e Train où mon activité principale était de jouer au rugby, j'étais dans le bureau de mon capitaine pour une reprise en mains du genre : « Vous n'êtes pas ici pour ne jouer qu'au rugby, il faudrait aussi, comme vos camarades, que vous fassiez vos classes. »

Sonnerie du téléphone : « Allô, oui mon colonel, à vos ordres. » Le capitaine tourne vers moi un visage résigné : « Vous avez quinze jours de permission : de Gaulle sera à Auch bientôt et vous êtes chargé de son déjeuner à la préfecture le 16 février prochain ». C'était en 1959.

Convocations, réunions, répétitions, le scénario s'affine.

Le Général en provenance de Paris déjeunerait dans le grand salon de la préfecture avec les parlementaires et une vingtaine d'élus départementaux. Mme de Gaulle déjeunerait avec sa secrétaire particulière et l'épouse du préfet dans la petite salle à manger. Les deux déjeuners étaient prévus à la même heure, Mme de Gaulle visiterait la cathédrale pendant que le cortège finirait d'arriver.

Le sacristain, peut-être un peu psychorigide (mais on ne disait pas encore comme cela à l'époque), était chargé de la visite qui aurait lieu à midi précise : c'était l'heure habituelle de son déjeuner, mais il savait, puisqu'on le lui avait dit et répété, que Mme de Gaulle était ponctuelle et que midi c'était midi.

En effet, midi c'était midi et midi et quart ce n'était plus midi : comme Mme de Gaulle n'était pas arrivée, il alla déjeuner. Elle arriva à midi vingt.

Deux nouvelles inquiétantes nous arrivèrent simultanément : le déjeuner du général serait servi quarante minutes plus tard que prévu ; le déjeuner de son épouse vingt minutes plus tôt. Facile à dire et… débrouillez-vous pour que le rôti soi-disant simultané se décale de 40 + 20 = 1 heure.

Avec l'inconscience de la jeunesse et pour ne pas ajouter aux soucis de la préfète, nous mettons à table, dans la petite salle, les trois personnes, chapeau sur la tête et au moins pour l'une d'elles crispation latente et qui allait s'amplifier. Et l'on sert le foie gras sur une belle bille de glace avec des bâtonnets de pain de campagne non pas grillés mais frits.

Le portable n'existait pas encore mais il y avait le téléphone dans la cuisine de la préfecture. « Allô l'Hôtel, envoyez un carré d'agneau pour trois, le reste attendra. »

Nous aussi on attendait cet agneau qui n'arrivait pas. Alors on repasse le foie gras, ce qui était très exceptionnel dans ce genre de déjeuner. Ce bis a bien été accueilli, le foie gras étant bon. Mais l'agneau n'était toujours pas en vue. Alors on a repassé le foie gras une troisième fois. L'œil de Mme de Gaulle était interrogatif, celui de sa secrétaire un peu étonné, mais elle aimait le foie gras. Quant au visage de la préfète, il virait au vert pâle.

Plus besoin de faire un quatrième rappel de foie gras. On venait de retrouver le membre du service d'ordre qui tenait fermée la porte de service : il était, lui aussi, allé déjeuner, comme d'habitude.

Monumental et conscient de l'être, les lunettes plus souvent à la main que sur le nez, et pourtant son nez aurait pu en porter plusieurs paires, Charles de Gaulle incarnait une autorité massive. Au rugby, il aurait joué deuxième ligne, et capitaine bien sûr.

À table, le va-et-vient de sa fourchette rappelait l'approvisionnement des moteurs de chars d'assaut qu'il avait commandés : il lui fallait de la qualité, une quantité suffisante dans un temps convenable. Myope, il laissait partir son regard au-delà de sa fourchette ; chacun croyait être regardé, personne n'était vu mais tous étaient entendus et dans certains lieux « compris ». Il était comme certains *toros* de combat qui imposent autour d'eux un cercle de respect.

Le foie gras fut enlevé sans effort apparent : on m'avait interdit de repasser les plats : l'horaire, l'horaire... Mais j'ai eu l'impression qu'il en aurait repris ; son épouse en avait bien eu trois fois. Le saumon de l'Adour ayant été sacrifié aux exigences de l'horaire (la sécurité et les chauffeurs ne s'en sont pas plaints), l'agneau est arrivé sur table. Au mois de février, les agneaux ne sont pas bien grands. Le morceau de carré dans l'assiette du Général avait de toutes petites côtes, mais elles étaient six.

Le sorbet à l'ananas avec ses dollars gascons[1] fermait la marche ou plutôt la course puisqu'en moins de soixante minutes, c'en fut fait du déjeuner.

Quarante ans après, sous la pyramide du Louvre à Paris, je servais dans le même temps un déjeuner de chefs

1. Les dollars gascons sont des sablés qui étaient fabriqués à Auch par le biscuitier Capéran.

d'État. Margaret Thatcher, Helmut Kohl, Brian Mulroney, George Bush senior, un Italien et un Japonais étaient assis autour d'une table que présidait François Mitterrand avec Jacques Delors. Ils étaient d'accord pour manger les mêmes plats en buvant les mêmes vins mais il fallait que ce soit fait en moins d'une heure.

La table était ronde et grande car il fallait ménager une sorte de deuxième cercle pour que les interprètes puissent travailler.

Je n'avais jamais eu l'occasion de mesurer le talent des grands interprètes jusqu'au moment où Helmut Kohl (qui aurait fait un beau deuxième ligne) se mit à me parler en allemand. Je lui répondis en français. Le dialogue n'était pas ralenti par la traduction, le ton était respecté, j'avais l'impression de comprendre et de parler l'allemand couramment : c'était pendant que l'on « dégorgeait » un excellent champagne apéritif au pied des statues du Louvre.

Au menu : trois foies gras qui, comme les Mousquetaires, étaient quatre puisque notre fille Ariane était arrivée de New York avec deux ou trois foies gras américains. George Bush en fut étonné.

Puis vint une pintade dont Roger Duffour, mon ami et chef du *Relais de l'Armagnac* à Luppé-Violles, s'était occupé, puis, bien sûr, une glace aux pruneaux à l'armagnac accompagnée de dollars gascons. La colombelle, dont c'était les grands débuts, venait, modeste, sur les trois foies gras. Un pichon longueville 1929, que l'ami Jean-Michel Cazes nous avait trouvé, accompagnait superbement la pintade. Olivier de Montal nous avait confié une bouteille d'armagnac 1893, c'est-à-dire d'avant le phylloxéra.

Nous avions installé la cuisine dans une petite salle tout près du lieu du déjeuner et nous avons pu admirer le tact, l'adresse, l'intelligence du garde du corps de Bush qui, sous prétexte de nous aider, a réussi à goûter tous les plats pour être sûr que son patron ne serait pas empoisonné. Il l'aurait peut-être été s'il avait bu la tisane qu'un docteur barbu faisait prendre à François Mitterrand au moment du café.

Cinquante-six minutes après être passés à table, tous se levaient non sans avoir mis, qui les lèvres, qui seulement le nez, dans leur verre d'armagnac 1893.

Le service d'ordre respirait… nous aussi. Il avait été plus facile de réaliser la concorde à table que d'amener le Concorde à survoler New York.

À quoi pensent les chefs d'État assis autour d'une table à déjeuner ou à dîner ? Ronde, ovale ou rectangulaire, cette table, en marge de celle des négociations, a l'art de les ramener au rang de commun des mortels. Ici, malgré le protocole, chacun des maîtres du monde se dévoile dans l'acte basique d'une fonction naturelle : manger. La table comme round d'observation dans le long processus des pourparlers entrouvre une fenêtre sur l'intimité de chacun.

Bien sûr, aucun de ceux-ci ne se doute que la restauration doit tout à la guillotine ! La France de l'Ancien Régime connaissait bien sûr auberges et estaminets, souvent malfamés d'ailleurs, mais la gastronomie dans la lignée des Taillevent et Vatel était l'exclusivité des gens de Cour et d'Église dont les somptuosités de la table étaient une expression du pouvoir. Vicomte de Vaux, Nicolas Fouquet, l'intendant des finances de Louis XIV, paya au prix fort de son emprisonnement au fort de Pignerol le festin par lequel il voulait éblouir son roi ; celui-ci, tout Soleil qu'il fût, en avait pris ombrage. En 1789, à l'heure où le peuple criait « du pain ! » sous les fenêtres de Versailles, les sans-culottes en quête de liberté, égalité, fraternité n'avaient sans doute pas imaginé que les dégâts collatéraux de la Terreur accoucheraient de la profession inédite de restaurateur.

En 1793, les grandes familles qui ne périrent pas sur l'échafaud empruntèrent le chemin de l'exil, renvoyant à la rue leurs gens de maison, dont les cuisiniers et les maîtres d'hôtel. Pour survivre, ceux-ci ouvrirent des lieux où l'on servait « le bouillon restaurant », sans doute une potée complète propre à ragaillardir son homme. L'adjectif prit le pas pour dénommer l'endroit. Et le métier de restaurateur se constitua en même temps que la République se cherchait une constitution. Pas sûr pour autant qu'il faille considérer que le banquet républicain soit un pléonasme. Toujours est-il que de zéro restaurant dans Paris à l'aube de la première République, on était passé à une centaine à l'avènement de Napoléon, en 1804.

À tourner autour du pot, il faut bien considérer que les aristocrates ne sont pas totalement étrangers à la démocratisation de la table. Même si cela a pris quelques lustres ! L'anarchie a régné longtemps sur nos tables ainsi que le désaccord entre plats et vins. L'abondance créait le désordre, le gras et le sucré régnaient sur le goût. Comment choisir son vin quand tous les plats vous sont servis en même temps et sur la même table où le couvert, c'est-à-dire les plats clochés, a été disposé ? Pas de succession ordonnée des plats, le vin est servi à la demande de chacun. Il a fallu l'autorité des grands-ducs russes, généraux de leur état, pour que la discipline nous mène à la démocratie il y a juste deux cents ans.

Article 1 : tous les convives doivent manger au même moment le même plat : la conversation gastronomique venait de naître.

Article 2 : puisque le même plat est servi au même moment, il faut servir le même vin : l'accord des plats et des vins venait de naître.

Article 3 : puisque la France était et reste le pays du monde qui produit le plus de bonnes choses, à elle de continuer dans cette voie. Elle le fit jusqu'à l'inscription au patrimoine de l'Humanité du repas gastronomique des Français le 18 novembre 2010 ; presque deux siècles après.

Je tiens l'ordonnancement de la table en Gascogne tel qu'il nous est parvenu jusqu'au XXe siècle dans les « cahiers de Sicre ». Il y avait à l'*Hôtel de France*, au cours des années 1884-85, un grand chef que ma grand-mère avait côtoyé : Sicre. Son arrière-petite-fille a eu la gentillesse de me laisser consulter ce document précieux : non pas son livre de recettes, mais le livre de bord de sa cuisine.

Le livre est une façon étonnante de remonter le temps, une façon de prendre conscience de la facilité que nous avons maintenant de nous procurer de bons produits. Ce cahier fait état de menus proposés chaque jour tout au long de l'année et l'on peut voir :

– qu'il y avait rarement du bœuf, mais souvent du veau ;

– qu'il n'y avait de poulets qu'à la fin du printemps et au début de l'été, qu'il était le plat le plus cher, et que poules et coqs (poulets seniors) figuraient à l'année ;

– qu'il y avait du confit mais rarement du foie gras… jamais de maigrets, et pour cause[1] !

– que le porc revenait souvent ;

– qu'il n'y avait d'agneau qu'au printemps, mais du mouton toute l'année ;

– que le chevreau était inconnu ;

– que le dindonneau apparaissait de juillet à septembre ;

– que la garbure était absente pendant la saison chaude ;

– que les œufs étaient présents douze mois sur douze ;

– que l'alicuit[2] n'était pas servi aux clients mais réservé au personnel ;

– que les poissons étaient de rivière (carpes et tanches) ou mixtes (saumons et anguilles) ;

– que la saison du gibier commençait beaucoup plus tôt mais que le gros gibier restait absent : perdreau et lièvre étaient les tailles limites.

– que les légumes passaient pour quantité négligeable. On les tolérait autour des pièces de viande, mais il ne serait venu à l'idée de personne de les manger seuls.

Certains disaient même que le légume, c'est la viande plus petite autour de la plus grosse : par exemple, des côtes d'agneau autour du gigot de mouton ; des cailles autour du dindonneau.

Les Gascons étaient carnivores, ils le sont peut-être restés un peu. Survivance tenace de leur ancêtre cueilleur-chasseur du paléolithique qui renvoie le cuisinier… en cuisine ! Jusqu'à la nuit des temps. Cette nuit fut longue et la cuisine a eu le sommeil lourd : elle se réveille tout juste après quatre ou cinq cent mille ans.

---

1. Je le ferai naître 80 ans plus tard.

2. Ragoût d'ailes et de cou de canard.

Pendant une espèce d'engourdissement dont elle a commencé de sortir depuis moins de deux mille ans, mais pas partout, on a cuisiné accroupi devant l'âtre, exposant au feu des morceaux de bête morte ; et sans doute aussi des morceaux de ses semblables qui avaient cessé de plaire mais qu'on appréciait d'une autre façon. Ces bêtes à cuire, il fallait aller se les procurer et des bipèdes aux arcades sourcilières plus proéminentes que celles des vieux avants de rugby partaient pour la chasse. À cette époque, partir pour la chasse était facile. C'était en revenir qui était le plus compliqué : les carnivores étaient dans le paysage et les chasseurs pouvaient finalement se retrouver gibier.

Bien que nous ne mangions que de l'herbivore (cerf, bison, daim, chevreuil) et jamais de carnivore (lion, panthère ou tigre), ces derniers n'ont jamais voulu admettre la réciprocité : ils nous ont toujours mangés dès qu'ils en avaient l'occasion.

Depuis à peine plus de cent générations, une minorité favorisée de femmes a pu se relever pour œuvrer debout devant un feu surélevé qui est devenu fourneau après avoir été potager, c'est-à-dire trous de braise à hauteur de table.

La cuisine a des réactions lentes, le progrès s'y grippe souvent. Les progrès, là comme ailleurs, sont vus d'un œil craintif et d'un cerveau conservateur.

Comme l'art de la guerre – et si c'en est un, la cuisine aussi –, elle évolue par accélérations successives. Pendant trois à quatre cent mille ans, on cuisine ce que l'on trouve et le feu, c'est le bois ou le bois fossile qu'est le charbon.

Les craintifs de l'azote liquide peuvent imaginer les réacs de l'époque quand quelques jeunes audacieux ont réussi à capturer puis à maîtriser ce phénomène dangereux et brutal que l'orage déclenchait dans le vacarme et qui grandissait en hautes langues rouges. Il consumait tout, animaux et végétaux, sur son passage et répandait une odeur de brûlé, de grillé, et quelquefois de rôti.

La nuit des temps de la cuisine a commencé avec la découverte du feu, mais l'aube, c'était quand ?

Pas à Rome puisque festin ou pas, on cuisinait au bois. Pas au Moyen Âge, puisqu'on restait devant la cheminée dont la rôtissoire a cuit autant de santés de cuisiniers que de pièces à rôtir.

Peut-être il y a moins de deux siècles quand on a commencé à cuisiner debout : et certains parlent de tradition !

César et Napoléon, avec dix-huit siècles d'écart, faisaient à quelques détails près la même guerre : à pied et à la lame.

Archestrate et Guillaume Tirel, dit Taillevent, usaient sinon des mêmes produits, du moins des mêmes méthodes de feu.

C'est il y a deux siècles que le réveil a sonné : l'évolution des techniques s'est emballée, la discussion aussi. Mais la cuisine a toujours été un sujet brûlant.

Dès le XIXe siècle, le charbon triomphe dans les fourneaux : excellente chauffe mais salissant et malcommode.

Puis vient le gaz, pas salissant, pas malcommode, mais malodorant et pas facile à apprivoiser.

Le XXe siècle voit arriver l'électricité. Capable du meilleur comme du pire, elle permet le chaud aussi bien que le froid. Propre mais imprévisible, le feu était fils du tonnerre, elle était fille de l'éclair avec toute sa rapidité et sa puissance. Le charbonnier était l'homme de peine, l'électricien sera le magicien.

Résistances électriques en petits tortillons qui rougissaient pour chauffer ce que l'on posait dessus, plaques chauffantes, plaques radiantes, bientôt micro-ondes et plaques à induction.

Là, on venait de franchir une formidable étape. Si la chaleur est une plus grande agitation des molécules, et si on arrive à les faire s'agiter autrement que par le voisinage avec d'autres molécules plus agitées donc plus chaudes, on peut se passer de source chaude pour chauffer.

Pour le coup, la cuisine se réveille, de même que l'astrophysique avec le télescope Hubbles qui nous permet de scruter l'univers sans rester sur terre, l'art de la guerre qui permet de tuer des dizaines de milliers de gens avec une seule bombe, l'aviation qui nous permettait avec le Concorde d'arriver trois heures avant d'être parti.

La cuisine n'est donc pas seule à se réveiller, mais elle est la seule activité dont tout le monde parle sans forcément la connaître.

Quel que soit le mode de cuisson, le soufflé montera en 40 minutes ; l'eau bouillira à 100 °C sous nos latitudes et au niveau de la mer ; l'azote liquide ne descendra pas au zéro absolu de – 273 °C, mais la garbure sera toujours meilleure quand le chou aura connu le gel.

Et à ceux qui se plaignent que leur plaque électrique ou à induction chauffe mal, rappelons que la principale qualité d'une casserole, c'est d'avoir le cul plat.

CHAPITRE 5

Étoile et étoiles

Se voir lauréat le jour des Rameaux est le rêve de ceux qui voient rouge : le rouge du Guide. Ils pensent que les lauriers iront mieux sur leur tête que dans leurs sauces. Alors tout le monde se met à supputer : y aura-t-il beaucoup de nouvelles étoiles, de galaxies peut-être, quand il s'agit de Ducasse ou de Robuchon ? Verrons-nous de ces irrésistibles trous noirs qui engloutissent corps et biens les restaurateurs malchanceux ? Il y aura bien des polémiques puisque Mars est le dieu de la guerre. Bref, en mars, le monde de la cuisine gravite autour du *Guide Rouge*. Pendant quelques semaines le guide fait fureur.

Mes parents, avant moi, ont vécu pendant les années trente ces espoirs et ces déceptions qui constituent l'accouchement d'une étoile : elle est arrivée quelques années avant 1940 et la guerre l'a éteinte brutalement.

Il a fallu beaucoup de ténacité et de grands efforts pour que, le jour des Rameaux de 1960, elle scintille à nouveau, à la grande joie de ma mère et de toute ma famille, au-dessus des fourneaux que mon père, emporté en 1946 par une méningite, n'animait plus. Plus de quinze ans d'efforts avaient été nécessaires pour qu'elle nous revienne : elle allait nous être fidèle pendant trente-huit ans de suite. Trente-huit fois, le jour des Rameaux, elle revint scintiller. Puis, tout à coup, en 1970, nous avons cru voir double :

elle est arrivée avec sa petite sœur qui allait l'accompagner jusqu'en 1995.

Autant notre première étoile était sage, évoluant dans sa Gascogne parmi les produits que maintenant tout le monde connaît, autant sa petite sœur avait la bougeotte. Elle s'était mis en tête de faire connaître la Gascogne au monde entier… et elle y a réussi : maigret, glace aux pruneaux, madiran, côte de saint-mont, Pousse-Rapière, armagnac blanc ont franchi frontières et obstacles. Normal : ils étaient nés sous la bonne étoile.

Si bonne soit-elle, l'étoile peut aussi souffler le chaud et le froid. Embarqué au firmament de la réussite, le chef étoilé se trouve confronté à des expériences imprévues dont il ne sort pas toujours indemne, et sa cuisine non plus. La trajectoire le fait évoluer de l'étoile qui amidonne aux étoiles qui libèrent. La question est de savoir comment empêcher une récompense de vous emprisonner.

Se voir décerner une étoile pour un cuisinier, c'est comme pour quelqu'un d'autre recevoir la Légion d'honneur, sauf que la Légion d'honneur n'est pas remise en cause chaque printemps. Alors pour garder cette étoile qui ne demande qu'à filer, certains se mettent à répéter fidèlement, scrupuleusement et, bientôt automatiquement, les recettes qui l'ont méritée. Chaque année, quand on remplit le questionnaire du Guide, on a peur de changer de spécialités, donc, on reprend les mêmes et on recommence… On s'amidonne. La technique prend le pas sur l'imagination parce que la peur du client a remplacé le respect mutuel.

Heureusement, beaucoup évitent cette sclérose : soit ils perdent leur étoile, soit ils en gagnent d'autres. Comme à partir de deux étoiles on vient davantage pour le cuisinier que pour des recettes précises, l'imagination peut prendre le pouvoir. L'invention peut prendre le pas sur une technique que l'on maîtrise assez pour la mépriser.

Peu après la sortie du Michelin 1970, dans la semaine de Pâques, j'ai dû subir des rafales de félicitations que l'arrivée d'une deuxième étoile avait déclenchées.

Bien sûr, il est plus agréable et certainement plus facile de répondre aux félicitations que de subir des critiques mais, là comme ailleurs, l'excès peut nuire, et de réponses réfléchies on passe à des réponses spontanées, voire à des reparties.

Un jour de cette grande semaine, après un service un peu échevelé vu le nombre inattendu de convives, je me tenais près de la porte de la salle à manger pour saluer les clients qui sortaient. J'écoutais ce qu'ils me disaient et, plus important encore, j'observais la tête qu'ils faisaient en me le disant, surtout s'ils étaient aimables. Arrive un général en uniforme qui me dit de sa voix de commandement : « Vous méritez vos deux étoiles ! » Je n'ai trouvé à lui répondre que : « Vous aussi ! »

Même au pluriel, l'étoile n'en est pas moins source de modestie. En témoigne ce client, seul à sa table, qui déjeunait avec un plaisir évident. On me rapportait à la cuisine tout le bien qu'il disait des plats qui lui étaient servis. Et ce bien, il le disait d'une voix inhabituellement forte, si bien que tout le monde était au courant. C'était aimable ; cela devenait exagéré. Cela finissait par être suspect. Ce type, me disais-je, doit vouloir me vendre quelque chose. Seul quelqu'un d'intéressé pouvait à ce point s'épancher en compliments redoublés. Mais non, il était sincère : la preuve, lorsque je suis allé le saluer il m'a dit, de la même voix forte, qu'il était très content parce que les autres fois, c'était complètement raté !

Prendre des notes pour noter : Christian Millau s'y entendait. En fait, il notait des faits pour noter des gens. Le Français a bien des subtilités et Christian Millau n'en manque pas, lui, dont les notes qu'il prenait étaient aussi redoutées que celles qu'il donnait. Avec son compère Henri Gault qui savait bien goûter, ils ont fait sortir la cuisine française d'une longue torpeur copieuse qui voulait faire oublier les privations des années quarante. Christian, lui, a vite compris que distribuer des notes sèches sans commentaire ne suffirait pas à l'affectivité de ceux qui étaient notés.

À part quelques-uns qui faisaient semblant de vouloir se taire sans y parvenir toujours, tous, extravertis et soumis chaque jour, et deux fois par jour, au jugement de leurs clients, avaient besoin de mots pour faire passer la note. La sauce, a-t-on dit, fait passer le poisson, peut-être, mais pas dans les restaurants que Christian Millau savait dénicher et recommandait. Là, le produit était en vedette, et plus cette espèce de fantôme trop cuit que dissimulait un voile épais de sauce liée. Toute une génération de cuisiniers s'est engouffrée dans les portes qu'il avait ouvertes, certains même faisant semblant de les enfoncer. Le succès est venu, quelques têtes ont grossi au point de devoir changer de pointure de toque. La qualité faisait oublier le prix, mais il fallait la note pour faire oublier cette note qu'on appelle l'addition.

Christian Millau, qui confesse se brosser les dents à l'ail et se les rincer au jurançon, prétend que la Gascogne est son pays et que d'ailleurs Dieu y aurait établi son paradis. Et s'il avoue, ultime gasconnade, que « ce qu'il y a de très chouette dans un roman, c'est que l'auteur fait comme il veut », qu'en est-il du cuisinier quand il se toque d'être artiste ?

La noblesse fascine le roturier qui l'envie, l'admire, l'adore, la hait, la maîtrise, la brocarde, tente de s'identifier à elle, de vivre comme elle, singeant ses défauts avant d'imiter ses qualités. Le cuisinier, artisan du bien-être à table, agit de même quand il accepte de se faire passer pour artiste. Il finit à force de grands principes et d'idées géniales par oublier que son but principal est de faire plaisir à celui qui goûte ce qu'il a préparé. On touche sans doute mieux le goût quand on passe par l'esprit, à condition de garder son fil d'Ariane pour sortir du labyrinthe des circonvolutions cérébrales. Sans doute le peintre touche-t-il mieux l'esprit par le goût. Il n'est pas un vernissage sans Pousse-Rapière, ni foie gras, ni dollars gascons : une preuve de plus de la complémentarité de la cuisine avec la peinture, et plus généralement avec tous les arts.

Si la cuisine n'est pas un art majeur, elle sait les accompagner, tant elle sait être dans l'art comme un poisson dans l'eau. Paul Léautaud disait : « Je n'ai jamais pondu d'œuf, mais je goûte mieux une omelette qu'une poule. »

Tous les cuisiniers n'ont pas pondu de tableaux, mais peut-être certains les goûtent-ils mieux que les peintres. Tous les artistes mangent (si possible) deux fois par jour. Tous les cuisiniers ne peignent pas au même rythme, preuve évidente de la suprématie de l'art sur l'artisanat.

« La découverte d'un plat nouveau fait plus pour l'humanité que la découverte d'une étoile. » Ce n'est pas Michel Cassé, astrophysicien au Commissariat à l'Énergie

Atomique (CEA) et à l'Institut d'Astrophysique de Paris, spécialiste de la physique stellaire, né à Fleurance dans le Gers, écrivain et poète, qui l'a écrit, mais il l'a certainement pensé.

Oui, mais la découverte de son étoile fait plus pour un cuisinier que l'invention d'un plat nouveau. Ces étoiles qui occupent les nuits des astronomes, les journées des cuisiniers et les képis des généraux… quand elles ne paradent pas à Hollywood. Alors, il y a étoile et étoile. Oui et c'est ce que Michel Cassé exprime brillamment avant de commencer à jongler avec le nombre probable de dimensions que nous pensions être de trois mais qui serait de presque une douzaine. Donc il va falloir compter les dimensions comme les huîtres ou les œufs !

Il est tout à fait capable de concevoir le commencement du temps. Le temps aurait commencé, mais alors, avant, comment faisait-on pour savoir combien le rôti devait cuire ? La façon qu'il a de vous dire que le vide ne l'est pas vous laisse plein… de perplexité. Que l'univers soit sorti d'une soupe primordiale, que le soleil soit une grande rôtissoire et que la lune fasse ses croissants : il vous raconte tout cela avec une grande simplicité. Que la vie soit éclose et continue à se développer dans la suite de l'explosion gigantesque que fut le big bang, que nous vivions tout près du zéro absolu et bien loin des millions de degrés du soleil : quand vous l'écoutez, vous avez l'impression de comprendre. À côté de lui, on se sent intelligent. Il a l'intelligence contagieuse.

Voilà qui remet les étoiles à leur place… et leur poussière avec ! C'est-à-dire nous, puisque pour les astrophysiciens, l'Homme est une poussière d'étoile. On pourrait s'appesantir sur la longue marche de la vie terrestre puis de la socialisation de l'humanité qui porte en elle l'embryon de la cuisine : c'est un thème que j'ai abordé dans le détail dans le cadre du rapport du Conseil Économique, Social et Environnemental, intitulé *De l'assiette aux champs*, que j'ai présenté en 2009[1]. De l'âge agricole qui commence 10 000 ans avant Jésus-Christ et s'achève au XIXe siècle et qui a vu naître les villages agraires, les villes et les cités-États, jusqu'à la *World Food* et aux nouvelles préoccupations alimentaires, ce rapport insiste « sur la nécessité de mieux informer et éduquer les consommateurs pour restaurer leur confiance quant au contenu des assiettes et faire en sorte que les repas demeurent des moments de plaisir et de convivialité ». Il évoque l'internationalisation de la nourriture qui a eu entre autres pour effet un appauvrissement des cuisines par des phénomènes d'abandon et de substitution. La standardisation des produits et l'industrialisation de la production contribuant à rétrécir la diversité des fruits, légumes et races animales, le mouvement *Slow Food* plaide aujourd'hui pour préserver cette diversité à travers le monde.

Quant à la mondialisation des échanges, elle est loin de n'avoir que des effets pervers : en cuisine, c'est fait depuis longtemps ! Pour le meilleur. Sans la quête des épices, aurions-nous de sitôt connu, acclimaté et consommé tomates, piments, pommes de terre et autres poules d'Inde ?

Ainsi, la cuisine gasconne doit beaucoup à l'Amérique via le Génois Christophe Colomb. Que serait le cassoulet sans les haricots des civilisations inca et maya ? Il serait

1. Publié par Les éditions des Journaux Officiels.

resté un ragoût de fèves : c'est-à-dire bon moins de deux mois par an. Grâce au haricot sud-américain qui reste savoureux même sec, cette recette a pris un envol planétaire, elle s'est mondialisée.

Le maïs, autre production importée d'Amérique, nous a permis, nous qui n'avions pas assez de figues pour gaver comme les Égyptiens nos presque trente millions de canards chaque année, de faire du foie gras. Petit succès régional, vrai succès mondial. Et maintenant, par un incompréhensible retour des choses, un État des États-Unis, la Californie, en interdit la consommation. À croire que les petits enfants de l'Oncle Sam n'ont rien retenu de la prohibition.

Le phylloxéra, insecte tueur qui a failli faire disparaître le vignoble gascon, ses vignerons et leurs distillateurs qui ont fait sa renommée mondiale, venait certes d'Amérique, mais le remède en est venu aussi. Nos vignes ont été remises sur pieds, c'est-à-dire greffées sur des pieds américains insensibles eux, au funeste insecte. Madiran, côtes de saint-mont, pacherenc et autres auraient-ils un petit accent américain ? Et ce café que pousse l'armagnac, et ces petits chocolats qui l'accompagnent ? Sont-ils produits chez nous ? Ne parlons pas du cigare, c'est un autre débat, quoi qu'il ait longtemps fait partie, sans être au menu, des tables de gala.

Si, comme on l'a vu, la mondialisation enrichit la cuisine, la centralisation, si décriée dans le domaine de l'administration, peut, elle aussi, avoir du bon question gastronomie.

Paris, centre de l'étoile des communications routières, ferroviaires, et aériennes françaises. Paris, lieu de décisions, creuset de la culture, siège du pouvoir même quand il est à Versailles. Paris, ventre de l'Europe même quand il est à Rungis.

Paris a une autre vertu : il permet aux cuisiniers de faire leur tour de France sans se déplacer : c'est vers Paris en effet que convergent les meilleures productions agricoles de France, les meilleurs produits de la mer, les vins les plus prestigieux.

Paris où, grâce à la guillotine, est née la grande restauration, il y a à peine deux siècles, garde une variété immense de restaurants de qualité avec des spécialités classiques ou régionales diverses. Un cuisinier qui apprend son métier peut donc faire son tour de France sans quitter Paris.

Et au train où vont les choses et l'arrivée des restaurants exotiques, il pourra aussi y faire son tour du monde.

CHAPITRE 6

La Fayette, les voici !

Pendant plusieurs années après 1959 où j'avais décidé de mettre à ma carte « Lou magret » grillé sur la braise, j'ai dû argumenter ferme avec des convives qui refusaient de croire que cette viande rouge un peu ferme mais très goûteuse dont ils venaient de se régaler était du canard.

Un beau jour, surgit de New York un grand reporter au physique de basketteur américain. Il préparait un reportage sur la Gascogne que nous commencions à peine de promouvoir aux États-Unis. « Qu'est-ce que c'est que ce *Lou magret* ? », demanda-t-il. Il eut droit à la réponse habituelle : « une viande rouge grillée ». Une viande rouge grillée mais saignante ; *in english* : *rare* ou *medium rare*, mais pas plus, au-delà ce n'est plus bon.

Dégustation, explication, étonnement, incrédulité... Seul un canard entier, débité à sa table, eut raison de son scepticisme.

Quelques semaines après, dans le *New York Times*, un titre barrait toute une page : « Découverte d'une nouvelle viande à Auch, capitale de la Gascogne ». Photos à l'appui, le maigret était expliqué, vu de face, de profil, d'en haut, d'en bas. Le grand succès commençait : avant le *New York Times*, on gavait en France un peu plus de deux millions de canards par an ; cinquante ans après, ils n'étaient pas loin de trente millions !

C'est le maigret, rebaptisé bientôt magret, qui m'a fait prendre conscience du rôle que pouvait jouer un cuisinier dans la prescription, puis la promotion des produits de la région où il exerce.

Dans les *sixties* puis les *seventies*, le Gers brillait au firmament de la gastronomie française. À ma première étoile décernée en 1960, le Guide Michelin allait en ajouter une seconde en 1970. Je n'étais pas le seul au palmarès : il y en eut jusqu'à six dans les années 1970. À Condom, René Sandrini qui officiait à *La Table des Cordeliers* en avait une. Un artiste que la maladie nous a trop tôt enlevé. Diaspora italienne oblige, il formait alors dans ses cuisines un grand galapian de la sous-préfecture armagnacaise que ses parents, désespérés de le voir un jour faire quelque chose, avaient confié à l'étoilé condomois, leur voisin. Je veux parler de Jean-Louis Palladin qui fut le plus génial d'entre nous. Son duo avec René fut couronné de la seconde étoile des *Cordeliers* à la mi-temps de la décennie 1970.

Jean-Louis Palladin ! Il est des cuisiniers appliqués, il en est de besogneux, on en trouve d'inspirés. Je ne crois pas que dans ceux qui aiment leur métier, on en trouve de mauvais. Mais il en est un qui comme un pur-sang a traversé le « *mundillo* » de la cuisine en y laissant une impression profonde. Il ne répondait qu'à peu de critères qui rendent reconnaissables les cuisiniers : il était réfractaire à la toque, même pour la photo. On avait l'impression qu'il savait la cuisine, qu'il respirait la cuisine, qu'il avait parfaitement assimilé ce qu'on lui avait enseigné et qu'il devinait tout le reste. Il a étonné l'Europe comme l'Amérique : c'était Jean-Louis Palladin.

Maurice Coscuella, revenu de son tour de France (à *La Pyramide* à Vienne, il mitonnait les sauces aux côtés de Paul Bocuse et des Troisgros), et de son quart de tour du monde sur le transatlantique *Liberté* où il disait faire office de « soupier » en raison des douzaines de potages différents à servir chaque jour, posait ses marmites à Plaisance-du-Gers, son village natal. L'étoile brilla très vite au fronton de la *Ripa Alta* de « Coscu ». Jacques Chancel en fit une étape de piémont obligée de son célèbre Rallye des Gaves. Il est vrai que la cuisine de Maurice, chaleureuse à souhait, était généreusement saupoudrée à l'humour du bonhomme. Un humour qu'aucun décalage horaire n'a pu enrayer.

« Combien de fois êtes-vous venu en Amérique ? » Il attendait à chacune de nos expéditions que la question lui soit posée. Nous étions toujours trois ou quatre Gascons à envahir des cuisines américaines pour promouvoir les produits de notre région et notre anglais hors des cuisines restait approximatif. Mais, dans les cuisines, il était sonore et donc compris.

Il y avait toujours quelqu'un qui demandait soit : « Est-ce votre premier séjour aux USA ? » ; soit : « Combien de fois êtes-vous venu ? »

Coscu, puisque c'est de lui qu'il s'agit, attendait la question. Il répondait d'une voix calme : « 82 fois ». Il ne précisait pas que sur les 82 fois, 79 concernaient des allers et retours sur le paquebot *Liberté* où il était chef de partie. Content de son effet, il revenait à ses casseroles, c'est-à-dire aux nôtres, pour régaler les Américains connaisseurs, et il y en a plus qu'on ne le croit.

À Luppé-Violles, en bordure de la nationale qui conduisait alors les Toulousains à l'océan, Germaine Duffour, grande mère cuisinière devant l'Éternel, venait de passer la main de son *Relais de l'Armagnac* à son fils Roger, « Zizou » pour les intimes dont les clients faisaient partie. À la veille de Mai 68, il rentrait auréolé d'un long séjour de cuisinier à Madagascar et allait confirmer sans sourciller l'étoile « rouge » que Germaine avait obtenue au *Relais*.

Bienveillant, malicieux et amical : c'est l'œil que promène Roger Duffour sur ses amis et sur le monde. Le monde c'est aussi et ô combien, les palombes, les bécasses, les ortolans, ces maquettes d'oie grasse.

Sa sympathie va vers tout ce qui a du goût, solide ou liquide, et vers tous ceux qui savent l'exercer autour d'une table qu'ils méritent. Il a l'amitié indéfectible, ce n'est pas toujours confortable. Mais il ne risque pas comme certains trissotins de se prendre les pieds dans le tapis : il sait où il est et les autres le savent aussi.

Sa mère Germaine n'avait pas son pareil pour, après vous avoir dit qu'il ne lui restait plus rien dans sa cuisine, vous servir un déjeuner tardif ou un dîner vacancier qui vous restait longtemps dans la tête mais jamais sur l'estomac.

Son père, lui, avait senti que 1938 serait une année curieuse : il avait donc fait murer une aile de sa cave pleine de Byrrh de 1936. Il a attendu quelques années après la libération pour l'ouvrir. Et depuis, à Luppé-Violles, on ne buvait pas de Byrrh de moins de vingt ans.

Avec une pareille hérédité, il est normal que Roger Duffour soit ce qu'il est.

Si les bibs gourmands avaient alors existé, ils auraient vivement recommandé les tables de confrères qui œuvraient avec talent à la promotion du Gers comme destination gastronomique.

On peut citer : à Samatan, la Mecque des marchés au gras, la table de Loulou Maigné ; à Gimont, celle de Tintin, Célestin à l'état civil, Fagedet ; celle d'André Maupas à Mirande, ou encore la bien-nommée *Bonne Auberge* de Pepito Sampietro à Manciet. Des tables de bonne réputation, il y en avait à la ronde. Une ronde que j'eus l'idée d'officialiser pour promouvoir les savoir-faire de la cuisine gersoise. Nous mîmes en place un système d'échange de clientèle. La Ronde des Mousquetaires venait, avant l'heure, de nous mettre en réseau. Réseau qui fonctionnait par le bouche à oreille, c'est le cas de le dire ! Notre Ronde qui faisait référence au plus célèbre des bretteurs gascons, d'Artagnan, eut bientôt comme lui, du moins comme le roi pour la cause duquel il guerroya, le rêve de conquérir l'Europe. Francfort, Düsseldorf, Eindhoven, Bruxelles, Londres, Lugano, Genève… sans oublier Paris, notre Ronde des Mousquetaires partit, la fleur à la queue de la casserole, à la conquête du Vieux Continent décidé à se trouver de nouvelles frontières en faisant tomber les anciennes. L'amitié des peuples se scellant à table, nous avons mis le couvert un peu partout et fait repasser les plats et les vins, animés par notre devise « Tous pour la gastronomie de Gascogne ». En exportant sa cuisine et son art de vivre, la Ronde des Mousquetaires contribua à médiatiser un pays oublié sur la carte, auquel elle fit prendre son envol sur le terrain de l'agroalimentaire via les ailes de ses canards gras… pour peu qu'on les leur ait coupées !

Des ailes, la Ronde en avait pris sur ses succès européens, suffisamment pour faire du prosélytisme en Amérique. Celle du Nord qui mettait alors en route l'un des pires aspects de son *American Way of Life* : donner son fast-food quotidien au monde entier. Au royaume de la malbouffe, où quarante ans plus tard l'obésité est un mal national, nous sommes allés plaider pour la gastronomie française en général et plus particulièrement celle du Sud-Ouest, authentique culture de l'art de la table érigé, ici, en art de vivre. Un paradoxe ! Dans lequel bien plus tard de très sérieux scientifiques identifieront même le *French Paradox* (mais cela est une autre histoire) ; que bien plus tard encore, l'UNESCO classera au patrimoine mondial de l'Humanité. Nous étions des pionniers, et ne le savions pas, lorsque nous avons mis le couvert à Vancouver, San Francisco, Atlanta, Miami, Montréal, New York pour y organiser des semaines gastronomiques gasconnes. Venaient de nous rejoindre dans la Ronde : Bernard Ramounéda qui fit ses classes avec René Sandrini à *La Table des Cordeliers* avant de succéder à ses mère et grand-mère au *Florida*, à Castéra-Verduzan ; et mon fils Arnaud qui, après s'être rodé au piano de notre *Hôtel de France*, s'émancipait à Biarritz, couronnant ses *Platanes* d'une étoile.

Les Américains ne font jamais les choses à moitié. Capables d'être les pires ignorants du manger correct, on rencontre aussi chez eux des gourmets avisés et des gastronomes pointus. Ils venaient à nos semaines, nous sommes allés parfois dans leurs cuisines. L'un d'eux mit vraiment le paquet avec sa cuisine flambant neuve !

Le propriétaire de quelque « arbre de Noël » (c'est le nom qu'au Texas on donne aux puits de pétrole), voulant faire plaisir à Cerise, son épouse, qui remplissait élégamment ses jeans et ses tee-shirts, nous avait demandé de venir faire un dîner intime pour cinquante personnes chez lui, au milieu du Texas, pas loin des Cadillac enterrées jusqu'au pare-brise.

Roger (Duffour), Coscu (Maurice Coscuella), Jean-Louis (Palladin), mon fils Arnaud et moi étions le corps expéditionnaire. Pour l'occasion, le pétrolier avait fait bâtir une cuisine toute neuve et parfaitement équipée.

Dès la veille au matin nous allumons tous les feux et en avant pour la garbure, les maigrets qu'Ariane, ma fille, commençait à commercialiser, les confits, les foies frais, tout ce qui allait avec et spécialement le bouillon de carcasses qui, pour être convenable, a besoin de ses vingt-quatre heures de cuisson lente.

Vers la fin de la soirée, avisant l'alignement de boîtes à épices sur l'étagère au-dessus du fourneau, Roger me dit : « J'ai déjà vu des poivres forts, mais jamais qui fument dans le poivrier. » En effet, une petite fumée blanche semblait sortir d'une des boîtes. Vérification faite, elle ne sortait pas du poivrier mais de l'interstice entre deux carreaux de faïence. Intrigués, nous appelons Cerise qui appelle son mari, qui appelle les pompiers. Les haches des pompiers américains sont spectaculaires… et efficaces. En peu de temps le mur de la cuisine était abattu et on éteignait tout ce qui flambait derrière, car ça flambait fort.

Une voisine nous offrit l'hospitalité de sa cuisine : elle avait fait dans sa jeunesse quelques traversées sur le *Liberté*, Maurice aussi. Mais sans cuisine, comment faire un dîner pour cinquante personnes ? Notre milliardaire ne l'entendait pas de cette oreille : « Ne vous inquiétez pas, demain matin vous aurez votre cuisine. »

Dans la nuit il l'avait fait reconstruire et le jour J, le dîner a pu être servi.

Confits et foies gras en conserves remplissaient nos valises lors des premiers séjours gastronomiques outre-Atlantique. Nous pouvions nous approvisionner là-bas en excellents champignons, gibier à poil et à plumes… et bientôt en canards gras américains.

Faire, à Manhattan, notre marché comme à Auch deviendrait bientôt un jeu d'enfant grâce à D'Artagnan[1] : l'entreprise de distribution de produits fins cuisinés autour du canard gras qu'Ariane, ma fille, créait en 1985 dans le New Jersey, à une aile de canard de la statue de la Liberté. Vingt-sept ans plus tard, D'Artagnan INC, qui emploie cent cinquante salariés et réalise soixante millions de dollars de chiffre d'affaires, est devenu « le fournisseur officiel de la Maison-Blanche », y livrant son célèbre foie gras « *made in* USA » à la barbe du gouverneur de Californie, Arnold Schwarzenegger, l'acteur culturiste dont les pectoraux surdimensionnés ont été popularisés par Conan le Barbare (attention à la contrepèterie), qui vient d'interdire le gavage des palmipèdes dans son État.

Inventrice du « Foie gras burger », Ariane n'est pas seule à mener le combat de la gastronomie gasconne aux États-Unis. Elle a tout naturellement fait équipe avec Jean-Louis Palladin qui ouvrit à Washington, dans le parking du Watergate, la table la plus prisée de la haute administration américaine et des politiques. Ronald Reagan et George Bush y déjeunaient ensemble avant qu'Hillary

1. Lire *D'Artagnan à New York*, d'Ariane Daguin, paru chez Grasset en 2010.

Clinton se toque du Condomois et lui commande le grand buffet démocrate en l'honneur de son Président de mari au lendemain de l'élection.

Jean-Louis n'est plus de ce monde. Mais c'est encore un Gersois qui régale à la table de l'ambassade de France à Washington : ex-apprenti de Maurice Coscuella, Francis Layrle qui a grandi à Masseube, le pays d'une oie que protège aujourd'hui le conservatoire de l'INRA. Pascal Colomine, de Lectoure, officie à New York ; élève de Roger Duffour, le Samatanais Laurent Manrique caracole sur deux restaurants californiens dont un à San Francisco à deux pas de la Napa Valley, la vallée de la vigne au pied des Rocheuses qu'arrosent les nuages venus du Pacifique.

Une vallée à laquelle s'est intéressé, au début du XXe siècle, un autre Gersois célèbre, le marquis de Pins, dont la famille conserve le château à Monbrun, près de Gimont. Sa canne était un inattendu outil de traduction. Un jour que j'étais son hôte à dîner, à San Francisco, en compagnie d'une dizaine d'anglophones géographiquement dispersés, je m'étonnais de ne le voir s'exprimer qu'en français, même avec ses serveurs. Je lui en fis la réflexion et lui, qui avait fondé dans les années 1920 à 1930 la plus grande *winery* de Californie, me répondit : « Je vis ici depuis quarante-huit ans et n'ai pas encore prononcé un mot d'anglais, je ne vais pas commencer ce soir, ma canne suffit pour la communication. »

C'était une canne élégante, précise et impérieuse.

Le marquis de Pins a sans doute ouvert la porte de la *Gascony Connection*. Pour preuve : cette rencontre dont je fus le témoin. Elle est à l'origine de la renaissance du vignoble de Saint-Mont via l'aller-retour d'un cépage endémique de Gascogne : le colombard.

Invités des Mondavi, les plus célèbres viticulteurs et vignerons de Californie, avec quelques cuisiniers de la Ronde des Mousquetaires, nous faisions le tour des chais étonnants de netteté, de propreté, de blancheur éclatante. Mondavi nous dit qu'un autre groupe de Français était aussi dans sa propriété et qu'il nous le présenterait volontiers après le déjeuner que nous prendrions dans une espèce de bocal autour duquel défilait une multitude de visiteurs. Louis XIV avait l'habitude des déjeuners en public, pas nous.

Après ce repas inhabituel, nous voilà partis pour la visite. Dans le chai de barriques, nous tombons en arrêt devant un foudre et un groupe de Français : sur le foudre, une plaque en émail portant en inscription « colombard », le colombard étant le cépage de base des armagnacs ; et, à la tête du groupe, André Dubosc, l'homme à qui le monde de la vigne du Sud-Ouest doit le plus. Nos regards se croisent puis se braquent sur la plaque émaillée. Sans dire un mot, nous sommes d'accord : il faut faire avec le colombard, qui deviendra ensuite « colombelle », le petit vin blanc de soif, aromatique, que nous n'avons pas encore.

André Dubosc s'y colle, et le succès suit. Et, comme il sait aussi faire les vins rouges, le groupe coopératif Plaimont a passé cette année le cap des trente millions de cols.

J'avais pour ma part participé, quelques années plus tôt, au sauvetage du madiran. L'idée n'était pas de moi mais je fus le bras armé du stratagème imaginé par André Canal, l'inspecteur de l'INAO[1] en poste dans le Gers. Dans cette appellation alors à l'agonie, seule la famille Laplace, d'Ay-

1. Institut national d'appellation d'origine.

die, tenait encore la route avec un madiran de qualité. « Tu dois lui acheter toute sa récolte », m'intima un jour Canal. Bien sûr, je n'avais pas l'argent. « Eh bien emprunte ! » surenchérit l'inspecteur qui fut aussi vigneron du côté de Brégançon. Avec l'accord de Jean-Claude Gaudibert, le directeur de la caisse de Crédit Agricole Mutuel du Gers d'où il mettait en route l'empire de la banque verte, j'eus mon prêt et pus débourser les 45 000 francs que coûtait la récolte de madiran. Laplace n'avait jamais vu pareil chèque ! La somme fut illico investie dans du matériel de vinification et de modernisation de la cave pour monter en gamme la finition de son vin.

En 1960, le madiran et le pacherenc, son blanc et liquoreux voisin de sillons qui a bien failli lui aussi disparaître, étaient à ma table fraîchement étoilée mes « spécialités de Michelin ». Avec Courtine, le critique gastronomique du *Monde*, j'ai fait campagne pour que le vin rouge ne soit pas servi plus chaud que chambré. Je présentais donc le madiran dans des seaux à champagne refroidis de quelques glaçons et nantis d'un thermomètre affichant 12 °C. Dans le verre, le vin était à la température de 13 °C à 14 °C ; à peu près ce qu'il titrait en alcool. Une rude bagarre à l'époque !

En y regardant de plus près, je fus sans doute le président d'une chambre de commerce et d'industrie, celle du Gers pendant deux mandats, de 1986 à 1998, qui a fait le plus pour les ressortissants d'une chambre d'agriculture. En fait, c'est surtout le cuisinier qui a participé à l'envol des produits d'excellence de nos fermes gasconnes et qui a accompagné la révolution agroalimentaire boostée, dans la dernière moitié du XXe siècle, par la maîtrise du froid (réfrigération et transport frigorifique) et de l'hygiène (clayettes de gavage ; emballages sous vide). Ce sont ces technologies qui ont rendu possible la cuisine du magret. Son succès a contribué à l'essor de la production des canards gras… et à la démocratisation du foie gras que l'on peut désormais consommer mi-cuit et surtout frais en toute saison.

Je suis parti à la conquête de la CCI du Gers parce qu'il me paraissait évident qu'un pouvoir économique bien compris permettait d'influencer le politique. Pour cela, il me fallait remettre une CCI qui se bornait à gérer les affaires courantes à la place qui devait être la sienne dans la tête de tous les Gersois. Je lui ai donné pignon sur rue, l'ai réorganisée et musclée. Et, dans ce département où le plus grand nombre d'actifs est celui des actifs agricoles, en appuyant sur le bouton « industrie » j'ai activé l'agroalimentaire, en relançant immédiatement le Centre régional d'innovation et de transfert de technologies (CRITT) pour lequel j'ai souhaité une dimension régionale. Tant mieux si les agriculteurs en ont bénéficié ! D'ailleurs ils ont compris bien avant les commerçants gersois que la France et le monde constituaient une réserve de clients bien plus conséquente que celle de leur seul département. Aujourd'hui fer de lance de notre économie rurale, la politique agricole Excellence Gers s'inscrit dans ce droit-fil.

J'ai quitté la présidence de la chambre de commerce à l'heure où je remisais ma toque de l'*Hôtel de France* et cédais mon fonds de commerce auscitain. Un an plus tôt, en septembre 1997, je venais d'être élu au bureau de la Fédération nationale de l'industrie hôtelière (FNIH) dont je pris la présidence en 1998 et que je transformais en Union des métiers de l'industrie de l'hôtellerie (UMIH). J'embarquais alors pour une autre croisade professionnelle ; elle dure toujours.

Cette nouvelle expérience, qui m'a permis de côtoyer les politiques à la table des négociations syndicales, conforte mes certitudes. Qu'on ne vienne pas me dire que le pouvoir économique, comme le pouvoir culturel d'ailleurs, ne peut conduire le politique à se mettre au service du plus grand nombre en le tirant vers le haut. Après tout, c'est son sens premier qu'il ne faut pas perdre de vue. J'en veux pour preuve, dans le domaine culturel, l'exemplarité du phénomène « Jazz in Marciac » et de sa mise en œuvre. Elle nous renvoie étonnamment au pays de Duke Ellington et de Count Basie et à l'étrange connexion qui existe entre le Gers et l'Amérique.

À Marciac, le jazz n'est pas hors de portée ! Éveiller l'oreille des enfants aux sonorités étrangères n'était pour un professeur d'anglais que la moindre des choses, mais se servir du jazz pour y parvenir, personne n'y avait encore pensé. Lui, il y a pensé, mais surtout il a joint le geste à la parole en faisant souffler ses élèves dans des instruments à vent sans élever de tempêtes de protestations du voisinage. De souffler en anglais à parler en anglais, il n'y avait qu'un pas que les jeunes Gascons ont franchi avec succès et surtout avec plaisir.

La musique n'existe que s'il y a des gens pour l'écouter, et à partir d'une ou deux journées de jazz en public et avec l'aide d'amis gascons de naissance comme Guy Lafitte – par ailleurs éleveur d'agneaux – ou d'adoption comme Bill Coleman, la mayonnaise a commencé à prendre.

Un jour, deux jours, un week-end, une semaine, deux semaines, trois semaines, petit à petit le bout du monde est devenu le centre du monde jazzy.

Dans le même temps le petit prof devenait maire, puis conseiller régional, puis président du Comité du Tourisme de sa région : pour une fois la politique suivait une compétence qui, loin de s'émousser, s'aiguisait dans ses fonctions successives. À Marciac la culture a relancé l'économie et le chef d'orchestre, devenu politique, se nomme Jean-Louis Guilhaumon.

CHAPITRE 7

Salle des Illustres

Elle était grande. Elle était belle et blonde, elle avait une robe grise qui semblait rythmer ses pas. Entourée, courtisée : elle attirait la sympathie. Sachant se laisser admirer sans qu'il y paraisse : sa cordialité savait nous garder tous à bonne distance.
À mes yeux de provincial, ce devait être une Parisienne. Parisienne, Jo l'était, mais cela n'a pas duré puisqu'elle a passé le demi-siècle suivant à me supporter en province. Mais à Auch, cinquante ans après, elle est toujours la Parisienne, bien qu'elle y ait vécu plus longtemps que ceux qui l'appellent ainsi.

Maintenant elle a fini par comprendre mon accent mais aussi, et c'est plus fâcheux, mes accents.

Pendant que j'orchestrais aux pianos, dans les cuisines de l'*Hôtel de France*, Jo, ma femme, eut la délicate et parfois périlleuse tâche d'accueillir les hôtes de notre table. Un art tout aussi complexe que le mien et qui se joue en première ligne. Le doigté de l'accueil suppose pas mal de psychologie et une excellente connaissance des divers organigrammes du monde de l'entreprise, de celui de la politique et bien sûr des arts. La culture générale de l'hôtesse qui laisse à penser qu'elle ne connaît que vous et vous attendait est un atout qui met le plus emmerdeur des gourmets dans les meilleures dispositions. Second de cordée, Jo fut le témoin privilégié des illustres et anonymes clients pour lesquels j'ai cuisiné.

Une autre femme aurait pu tout aussi bien conter par le menu petites et grandes histoires qui ont émaillé celle de notre hôtel-restaurant. Et quelle femme ! Elle avait d'ailleurs précédé Jo, entrant dans notre institution familiale avant même que je n'en devienne un membre actif. Arrivée d'Italie dans les années trente, Rosalie maîtrisait mal le français et ne l'écrivait pas très bien. Dans cette vague d'émigrants qui a régénéré la Gascogne, elle n'était pas la seule, mais peu lui étaient comparables.

Peu en effet pouvaient comme elle faire preuve d'énergie, d'autorité souriante, d'intelligence intuitive. Elle a commencé au lavoir, elle a pris sa retraite comme maître d'hôtel, médaille sur sa tenue de travail.

Chez *Maxim's*, il y avait Albert, le premier maître d'hôtel ; à Auch, il y avait Rosalie.

Et s'il paraît qu'avec le temps va, tout s'en va, avant qu'il ne soit trop tard, voici en farandole, comme ce fut un temps la mode pour les desserts et les hors-d'œuvre, rencontres et anecdotes à picorer. Elles ont été le piment et le sel de ma carrière à l'*Hôtel de France* ou encore à la Pyramide du Louvre, à Paris.

Artisan des notes et des mots, Léo Ferré avait le tutoiement donné et reçu des artisans entre eux. Ses horaires, j'allais dire son boulot, entraînaient des demandes pas simples à satisfaire mais il savait les formuler simplement en restant conscient de l'effort que cela nécessitait. Sur la scène il ne s'économisait pas, il nous paraissait normal de le satisfaire. Il savait remercier d'égal à égal.

Lever de lune table 6 ! Thierry Le Luron et une demi-douzaine de membres de sa troupe en tournée déjeunaient, finissaient de déjeuner, buvaient le café, goûtaient l'armagnac… et quand on boit l'armagnac on en parle… ils en parlaient. Bref les heures passaient mais les aiguilles ne passaient pas à l'heure du thé. De temps en temps, Jo risquait une tête, non pas par curiosité mais par conscience professionnelle : à cette époque on ne partait pas avant le dernier client. Plusieurs têtes risquées n'étaient pas passées inaperçues, et Le Luron, espiègle, imagina une surprise pour voir la tête que ferait la tête à sa prochaine apparition. Pour une surprise ce fut une surprise : debout sur la table, fesses à l'air, Le Luron trônait. Ce lever de lune mit un terme aux têtes risquées.

Sabine Azéma, Michel Serrault, Eddy Mitchell et Éric Cantona dans un même lieu : quelle aubaine pour les chasseurs d'autographes ! Prêts à tout pour un regard, pour une signature, ils évoluent comme des vols de moineaux ou des bancs de sardines. Pour assurer un déjeuner tranquille aux acteurs du *Bonheur est dans le pré*, qu'Étienne Chatiliez tournait dans le Gers, j'avais organisé avec un petit groupe de jeunes chasseurs d'autographes une séance de signatures à la table de Sabine Azéma et de Michel Serrault. L'accord était de ne pas dépasser dix minutes. Cinq minutes ne s'étaient pas écoulées qu'Eddy Mitchell entra dans la salle : tous se précipitèrent vers lui qui, aimablement, signa tout ce qu'on lui tendait. Il semblait content de cette popularité et sans doute aussi d'avoir été préféré. Une jeune tête passa par la porte entrouverte du restaurant et dit : « Éric Cantona vient d'arriver au bar ». Instantanément toute la horde s'y précipita, laissant en plan signatures et signataires. Le calme était revenu mais dans les regards traînaient comme des lueurs de regrets. Y aurait-il eu quelqu'un de vexé ?

À Bora Bora, il avait son île. Mais ce jour-là à Auch, il lui fallait une piscine. Il fallait à Jo Dassin une piscine au bord de laquelle Maryse pourrait tricoter ses curieux triangles blancs et où lui pourrait bronzer avec l'aide d'une espèce d'abat-jour à l'envers comme on en voit quelquefois au cou de chiens convalescents. Son problème, outre la piscine, était de savoir comment faire des œufs à la coque au foie gras frais. Ça tombait bien, j'en faisais… et il a su. Deux problèmes résolus le même jour, ça crée des liens. Recette d'œufs à la coque contre recette de cocktail riche en vitamine C : une amitié malheureusement trop courte commençait avec cet homme aux aguets, curieux de tout et de tous. Son œil s'écarquillait moins dans les coulisses de l'Olympia que dans ma cuisine ; normal, à l'Olympia, c'était lui le professionnel. « Tu travailles trop, me dit-il un jour, je te confie la clé de mon île et tu vas t'y reposer quelques semaines. » Un mois après il était mort.

Il était poète « comme on est bandit, empreintes digitales à l'appui ». On sait depuis moins de dix ans, grâce à Hélène Nougaro qui a réuni en une exposition les dessins de Claude Nougaro, que le papa de « Cécile » traçait partout la vie en poésie dévorant cahiers, *paperboards*, nappes… À l'*Hôtel de France* où je le reçus en compagnie de mon fils Arnaud, le 21 août 1986, Claude nous dédia un sonnet :

Les 2 Daguin, le père et le fils,
L'un une épée, l'autre une dague
Unissent en une seule drague
La volupté et le supplice

Les purs produits de notre terre
De leurs désirs se font complices
Embarquement pour Cythère
Ô tendres chairs, ô nappes lisses

Les 2 Daguin, le fils, le père
Chacun unique, font la paire
Orchestre, pianos, batteries !

Qui est le chef de tous ces cuivres ?
Mystère… affaire à suivre,
Allons enfants de la Patrie.

Constantin donnait des conseils. Il était intarissable sur son énorme voiture qui devait consommer autant d'essence qu'un char d'assaut. Très fier d'avoir mis d'aplomb un système de paiement par coupons qui le mettait à l'abri de fraudes d'éventuels complices chauffeurs ou pompistes, il restait aimable, accessible ; il aimait en toute simplicité ce qui était bon à boire ou à manger. Il savait prendre son temps à table et en perdre un peu après. Parler avec des compatriotes devant un feu de cheminée avant d'aller au boulot lui plaisait bien. Il s'exprimait calmement et d'une voix agréable, peut-être un peu plus grave qu'on ne l'aurait pensé : c'était Constantin, dit Tino… Rossi.

Grâce à son silence sur scène, le mime Marceau pouvait économiser tous les mots dont il se servirait à la ville. Ses traits, mobiles, souples, élastiques quelquefois, lui permettaient de s'exprimer sans émettre de son quand il était sur les planches. Mais avant ou après la représentation, c'était autre chose, tous les mots interdits de sortie s'égaillaient comme s'envole une petite classe à la sortie du cours. C'était un mime volubile.

Dans les années cinquante, Amunategui (Francis) et Zitrone (Léon), se croisant dans les couloirs d'une station de radio parisienne, disaient : « Nous sommes la radio de A jusqu'à Z. » Connaisseurs de leur sujet, amateurs éclairés et grands travailleurs, ils semblaient avoir une grande facilité, oui mais de celle que seul un travail assidu permet. L'un écrivait, l'autre parlait. Francis n'écrivait ses chroniques gastronomiques que sur les cuisiniers dont il pensait du bien : « Mon travail, disait-il, est de signaler les bonnes adresses, pas de parler, même en mal, des mauvaises. » Léon, qui parlait, le faisait sur tous les sujets ; sa puissance de travail et ses facultés d'adaptation le lui permettaient. Travaillant beaucoup, il savait ce qui lui était nécessaire, il savait le demander et quelquefois l'exiger. Quand il l'obtenait, il savait remercier. C'est quand il ne l'obtenait pas que tout pouvait se gâter.

Écrivain gourmand, ce fut un fidèle de l'*Hôtel de France*. Un peu éléphantesque dans sa démarche, spirituel et rigolard, il aimait la table, les vins, ceux qui les consomment et ceux qui s'en occupent. Il savait montrer son estime et son amitié à tout ce peuple qui prépare pour les autres, les sert et leur fait passer de bons moments. Il servait des anecdotes de carabin, d'écrivain ou de convive avec un talent naturel qui déclenchait les rires et faisait briller les yeux. Souvent moqueur, rarement méchant, il trônait au milieu de cours de femmes où les jeunes n'étaient pas minoritaires : c'est là qu'il venait chercher les personnages de victimes de ses romans policiers dans la collection du Masque. Peut-être que c'est dans leur cuisine que lui est venue l'idée du crime parfait avec disparition de l'arme du crime : estourbir sa belle-mère au moyen d'un beau gigot de mouton préalablement congelé que l'on mangera rôti avec la famille rassemblée au retour de l'enterrement. C'était Charles Exbrayat.

Avec Kléber Haedens et Caroline, toujours « l'été finit sous les tilleuls ». Le souvenir de leur présence gourmande en conserve le parfum. Quel couple extraordinaire que ce grand écrivain critique littéraire redouté et cette grande dame de la cuisine ! Si l'écrivain ne se mêlait de la cuisine que pour la goûter en l'accompagnant des meilleurs vins, Caroline savait se mêler de l'écriture. Elle avait une autorité modeste qui lui ouvrait les portes de toutes les cuisines comme des librairies. C'était un couple migrateur à qui le début de l'été faisait prendre la direction de l'île de Ré et que la mi-septembre ramenait vers la Vieille-Toulouse. Serge à La Rochelle, Darroze à Villeneuve et nous à Auch bénéficiions des dernières nouvelles de l'aller comme du retour. Ils étaient souvent accompagnés d'un ami certainement d'une grande sagesse : en pareille compagnie, il savait se taire et quand il commençait à se taire, il n'arrêtait plus.

Peut-on évoquer Haedens sans parler d'Antoine Blondin que les Tours de France, mais pas seulement, ramenaient à Auch ?

Me revient cette séance à l'Académie des Sciences morales et politiques, un peu surréaliste, où je découvris le calcul des célèbres « verres de contact » d'Antoine. Une salle impressionnante, chacun sa place marquée. L'âge moyen était plus que moyen : entre quatre-vingts et quatre-vingt-dix ans était la norme. À moins de quatre-vingts, on passait pour un gamin, quant à ces galopins de septuagénaires… Sans doute avaient-ils l'œil un peu fragile : ils n'ont pas accepté qu'une équipe de télévision s'installe, car elle éclairait trop violemment. Nous étions déjà dans l'inattendu. Parmi la vingtaine d'invités : Antoine, avec chemise et cravate. Le professeur Lhermitte présidait, sous l'œil bienveillant de Bernard Chenot, une séance au cours de laquelle serait examiné un sujet que je connais un peu : « Création et invention à la cuisine ».

Après quelques mots aimables d'introduction, on passa la parole à l'intervenant. L'intervenant c'était moi, pas très impressionnable d'habitude, mais impressionné. Tous ces puits de science se mirent en position d'écoute. Aux yeux des gens ordinaires, cela ressemblait à un début de sieste : bien carrés dans leurs fauteuils, ils baissèrent les paupières. Pour le premier cuisinier à intervenir devant cette Académie, l'idée de parler devant des gens qui dorment était un peu déstabilisante. Mais ils ne dormaient pas. Les questions qu'ils posèrent à la fin de l'exposé ont prouvé qu'ils savaient fermer les yeux et garder les oreilles ouvertes.

À la fin de cette épreuve, je vais à la rencontre de mes amis invités, dont Antoine Blondin à qui je dis : « J'ai un peu soif, tu dois connaître un bistrot pas loin ». Il me répond d'un air étonné : « Je n'en connais pas un, je les connais tous. » Et nous voilà partis pour le bistrot le plus proche. Je commande une bière à la pression et lui, laconique, dit : « 102 ». On lui porte un double 51. Quand nous sommes sortis, il en était à 816 !

Outre mes confrères gersois dont les aventures parfois rocambolesques vécues avec la Ronde des Mousquetaires pourraient constituer un bon sujet de roman épicurien, Lucien et Lucienne Vanel occupent une place de choix au panthéon de mes amitiés. Nous sommes devenus copains d'enfance à quarante ans.

Avec Lucien, nous ressemblions à Laurel et Hardy, mais la sonorité était inversée : c'était Laurel le plus sonore. Sonore il l'était, mais seulement sur les sujets qu'il connaissait bien : la cuisine et tout ce qui va avec, y compris les écrivains, quelques notaires et des bâtisseurs.

L'amitié était sa passion, il l'avait sourcilleuse et il savait l'entretenir comme excellait à le faire Jean Castel, lui qui, vu l'heure, disait « Bonne nuit » au lieu de « Bonjour » quand il vous accueillait rue Princesse.

Vanel savait la cuisine, il l'avait apprise des mains vers le cerveau autant que de mère en fils en se servant de tout ce qui pouvait pousser ou grandir autour de chez lui... à Lacapelle-Marival, dans le Lot, d'où il s'envola pour Toulouse en 1973, rue Maurice-Fonvieille, et devint « le héraut de la gastronomie toulousaine ». Il était toujours dans la vérité simple, donc dans la cuisine sans filet.

Mettre « les grands plats dans les grands », c'est la philosophie à laquelle je fus confronté pour contenter un gourmet qui faisait de la table et du vélo ses sports favoris. Peu de gros plats ou beaucoup de petits ? C'était le choix difficile qui se présentait aux organisateurs de repas de groupe et, avec le cuisinier, il fallait trouver le bon rythme propre à satisfaire la majorité des participants, à supposer que leurs goûts soient en harmonie.

Recevant un appel téléphonique de Roanne (l'ami Pierre Troisgros ne devait pas y être étranger), j'envoie deux menus, l'un composé de plats copieux en assez petit nombre, l'autre d'une multitude de petits plats. La réponse fut belle : « Le dîner chez vous sera la conclusion de notre randonnée pyrénéenne avec deux cols au menu. Il nous faudra donc une multitude de plats copieux. » C'était signé du Président du club des Vélosophes véloces.

Au hasard des rencontres, les cuisines de l'*Hôtel de France*, qui savaient réchauffer le cassoulet à l'heure bleue matutinale qui se confond avec la note bleue chère aux musiciens de jazz ayant mis Marciac en émoi, mes cuisines, entrèrent dans la cour des Grands venus les saluer. Ainsi ce jour où Paul Bocuse et Jack Lang déjeunèrent ensemble. L'un comme l'autre aiment la cuisine : l'un sait la faire, l'autre sait en parler. Tous deux ont fait beaucoup pour les cuisiniers que nous sommes. Le premier nous a donné le courage de sortir de nos coulisses, le deuxième a fait entrer la cuisine dans la cour des Grands de l'art.

Alors quand, par hasard, ils sont arrivés le même jour, sans prévenir, je les ai fait manger à la cuisine. Depuis, c'est un honneur.

Nul n'ignore plus que l'actuel directeur de PlaNet Finance, ex-président de la Banque européenne pour la reconstruction et le développement (BERD), est aussi un passionné de musique. Il pratique le piano, il a écrit des paroles de chansons, publié un essai sur l'économie musicale, et il rappelle régulièrement l'importance de la musique dans l'évolution des sociétés. Je peux vous assurer qu'en matière de gastronomie, Jacques Attali en connaît aussi un rayon. Jacques Attali a tout lu, tout compris, tout assimilé, tout rangé dans sa tête. Ce n'est pas un politique, il ne veut pas en être un. Il ne s'occupe que de la marche du monde et c'est, à ses yeux, bien plus intéressant. Son métier fut longtemps fabricant d'étincelles… pour d'autres qui savaient se servir de leur lumière.

Être étincelant n'est pas donné à tout le monde et il le sait. Parler à chacun du sujet qu'il connaît et lui montrer qu'il le connaît aussi quel que soit le sujet : qui fait mieux ? C'est la très forte impression qu'il m'a faite lors du déjeuner du G7 au Louvre en 1989. Il était alors en orbite autour du président de la République François Mitterrand et nous parlions de foie gras, de colombelle, de pauillac, d'armagnac et de tous ceux qui les font.

Revenons dans le Gers pour y voir votre serviteur en découdre, entre l'aile et la cuisse, avec une adversité malicieuse, en noir et blanc, que n'aurait pas reniée Gérard Oury pour un scénario sur mesure à Louis de Funès. Robert Castaing, sénateur maire de Lectoure, recevait à déjeuner l'ambassadeur de France aux États-Unis. Nous voilà tous à table à l'Hôtel de Bastard, autour d'un beau couvert qu'Anne et Jean-Luc Arnaud savent garder au bon niveau.

Arrive un maigret au Madiran (et le Madiran fait des sauces sombres) accompagné de jolies petites pommes de terre toutes rondes. J'en roule une dans cette belle sauce, et au moment de la porter à mes lèvres, l'ambassadeur me pose une question malicieuse comme souvent et qui appela une réponse un peu longue. À la fin de la réponse, la petite pomme de terre n'était plus piquée au bout de ma fourchette, mais posée sur mon pantalon : elle y faisait une petite tache bien visible sur le tissu blanc. Discrètement, j'essaie de l'attraper entre pouce et index ; elle glisse : la petite tache ronde était devenue une traînée brune.

J'appelle le serveur : « Fais comme si on me demandait au téléphone et pose-moi un pot d'eau chaude dans le couloir. » Ainsi fut fait et sitôt sorti du petit salon, je verse d'un coup le pot d'eau chaude sur la tache de sauce. Malheur ! C'était de l'eau de la machine à café, c'est-à-dire d'une température incompatible avec les organes sur lesquels je venais de la verser.

D'urgence, j'ouvre la première porte que je trouve, en baissant rapidement mon pantalon. Cela m'a bien soulagé.

Mais les huit personnes qui déjeunaient dans ce salon et qui ont vu surgir un énergumène pantalon aux genoux et pot d'eau chaude à la main ont dû subir une interruption de digestion immédiate.

J'espère qu'ils m'auront pardonné.

Avec cette mésaventure me revient en mémoire celle de ce maire d'Auch dont la distraction et la phobie des insectes étaient légendaires. Patrice Brocas était un maire d'Auch d'une intelligence et d'une capacité de travail hors du commun. Il était distrait. Il recevait chaque samedi dans son bureau de maire les administrés qui avaient quelque dossier délicat à traiter ou tout simplement et le plus souvent, quelque chose à demander. Comme il avait la phobie des insectes parasites, il s'était procuré un petit soufflet miniature au moyen duquel il s'appliquait de la poudre insecticide autour des chevilles et autour des poignets.

Il arrivait quelquefois que, distrait, il dise « Entrez » quand on frappait à la porte avant qu'il ait fini son traitement.

Un jour que sa garde poudreuse aux frontières avait laissé passer quelques ennemis, il décida de jouer du souffilet autour de sa taille après avoir baissé son pantalon. Mais il était distrait et, une fois de plus, il a dit « Entrez » trop tôt.

Toujours au registre des maires d'Auch qui furent mes premiers voisins, on ne peut passer sous silence la magistrature de Jean Dours. Cet ancien directeur général de la sûreté nationale et directeur général de la police nationale à la fin des années 60 avait gagné sa table avant qu'on l'ait vu arriver : il dirigeait toutes les polices de France et sa table était la 22. Tête aussi bien faite que bien pleine, il pouvait se passer d'agenda. Fidèle à ses amitiés anciennes (dont certaines lui furent une charge), il savait en gagner d'autres. Il évoluait entouré d'amis, entouré de gens même dans sa voiture : il n'avait jamais appris à conduire. Compétent, courageux, fidèle, ce fut le maire d'Auch qui relança sa ville, lui conçut un avenir bien structuré. Il aurait été un excellent député mais il aurait fallu que les auscitains le choisissent. Il avait été directeur de cabinet ministériel, pas ministre : il fut l'occasion que les Gersois ont manquée. C'était Jean Dours, ancien élève du Lycée d'Auch.

Je l'ai bien sûr gardée pour la bonne bouche ! Parmi les plus célèbres convives, et aussi les plus rares, qu'il m'ait été donné de régaler, il y a eu Queen Mum : Élisabeth, *of course* ! Elle montait dans sa voiture et s'asseyait ensuite. Il fallait une grande voiture et c'était le cas ; et une femme pas très grande et c'était le cas aussi de la reine mère d'Angleterre.

Sept siècles après ses prédécesseurs au trône, elle a voulu faire une tournée en Gascogne, ce pays à qui l'Angleterre doit tant. Il est vrai que Gascogne et Angleterre échangent beaucoup, surtout sur les terrains de rugby dont chacun sait qu'il descend directement de la soule gasconne, ce sport où tout ce qui peut se faire sans couteau ni épée était autorisé.

Voilà notre reine dans la cour du château de Caumont, au pays du foie gras. Toute notre équipe dans laquelle s'est introduit un journaliste déguisé en cuisinier est prête, le foie gras aussi. La voiture s'arrête, Élisabeth se lève puis descend, sourit et se dirige illico vers son gin tonic : elle n'oubliait jamais de prendre ce médicament qui l'a menée jusqu'à cent deux ans. À table elle y va d'un coup de fourchette précis et régulier. Après le déjeuner la voiture revient, elle re-sourit, monte dedans avant de s'asseoir et s'en va.

CHAPITRE 8

Dis-moi comment tu manges

« Ouvre ta bouche et ferme ta gueule » ! Formidable de simplicité, ce mot d'ordre inspiré sans doute du service communication du syndicat des dentistes n'a pas eu encore le succès qu'il mérite. Quel meilleur moyen de parler sans être interrompu, de poser des questions auxquelles on peut répondre soi-même, de toujours être approuvé (qui ne dit mot consent) ! Quelle plus belle façon d'avoir un public docile bien que conscient ! Le chirurgien lui, n'a pas le même, le vétérinaire peut-être ? Pourvu que le politique ne trouve pas là le traitement idéal de son opposition !

« Je pense donc je suis » : une pensée de Descartes étudiée par le menu mais par quelqu'un qui n'est certainement pas écrivain, cuisinier peut-être, mais témoin sûrement. Bien sûr l'encre est un point commun entre écrivain et cuisinier, mais l'une peut être de Chine, l'autre souvent de seiche. L'une se lit, l'autre se goûte et personne ne se prive de disserter sur les deux ni de les apprécier.

Être le témoin de gens à table, observer des êtres humains qui satisfont leurs trois cerveaux dont le reptilien, celui de nos réflexes que les deux autres cerveaux essaient de dominer ou d'intellectualiser, est un extraordinaire poste de guet. Qui d'autre que le restaurateur peut garder en observation, sans qu'il s'en doute, son cobaye pendant deux heures, le temps du repas ? Un repas, c'est aussi long qu'un match de rugby : on a tout le temps de l'analyse sans le souci de la sélection. On peut savoir ce que dit le convive et aussi la tête qu'il fait en le disant. On peut voir comment ses mâchoires font de lui un prédateur, on peut deviner comment il traitera ses collaborateurs une fois rassasié.

Le restaurateur sait voir l'animal qui est dans l'homme aussi bien que le félin qui se cache dans la femme. À sa façon d'aspirer son verre, on peut deviner le serpent qui aspire ou l'araignée qui dissout. À la position de sa nuque, on peut voir venir l'attaque ou, à celle de ses mains, ce qu'il veut cacher.

Eh oui, et c'est là la supériorité de celui qui est debout quand les autres sont assis.

Il y a bien sûr des contre-exemples : le maître debout, les élèves assis ; le médecin debout, le malade couché ; l'officier assis, mais en haut de son cheval, et le fantassin à pied.

Mais croyez-vous que quand les gastronomes vont essayer un restaurant, ils se doutent que c'est eux qui vont passer en jugement ?

C'est ainsi qu'au cours de mes services accomplis à Auch, à Paris et ailleurs, j'ai pu lire la face cachée des personnalités que je faisais déjeuner ou dîner, et celles avec lesquelles le président national du Syndicat des hôteliers et restaurateurs a dû négocier. Parfois inattendu ; souvent drôle.

C'était à La Rochelle en 2001. Le président de la région accueillait le congrès annuel de notre syndicat. Peu d'années auparavant, ce président avait incarné, en tant que secrétaire d'État, une tutelle appréciée des métiers du tourisme. Les acteurs des professions de service que sont les hôteliers, les restaurateurs ou les cafetiers savent reconnaître les gens qui les aiment : ce président de région était de ceux-là. Réaliste, il préférait la confiance à la surveillance tatillonne ; pessimiste, c'est-à-dire d'un optimisme raisonné, il ne manquait pas de contrôler ceux à qui il avait fait confiance. C'est avec lui que notre secteur a commencé à devenir adulte et son autorité aimable a fait notablement progresser le dialogue social.

Après le discours d'accueil de ce président, qui était à l'époque dans l'opposition, il me revenait de le remercier. Je me suis adressé à lui en disant : « Monsieur l'ancien Ministre et futur Premier ministre ». Pour la première partie de la phrase je ne prenais pas beaucoup de risques. Pour la deuxième partie, l'avenir m'a donné raison puisqu'au mois de mai suivant l'opposant devenait Premier ministre. C'était Jean-Pierre Raffarin.

Bouche gourmande, oreille fine, œil aux aguets, Martine Aubry était assise à son grand bureau derrière un rempart de dossiers et de parapheurs. Elle en sortait comme l'assiégé qui tente une sortie pour venir, dos au parc, s'asseoir à la table où les partenaires sociaux, toutes disputes suspendues, souhaitaient son arbitrage. Elle assumait ses convictions, nous avions les nôtres, les salariés aussi. Le conflit était rude mais, je ne sais pour quelles mystérieuses raisons, je finissais par apprécier ces entrevues musclées où l'arbitre était bon. C'était comme à l'occasion de certaines parties de rugby, « viriles mais correctes », qu'un bon directeur de jeu pouvait rendre mémorables mais qui dégénéraient quand l'arbitre se laissait déborder. Elle ne se laissait déborder ni à l'aile gauche ni à l'aile droite : sa connaissance des dossiers lui permettait un verbe bref et des conclusions rapides. Quand midi était dépassé on pouvait deviner qu'elle pensait à son déjeuner et pour nous, restaurateurs, c'était plutôt un bon point.

Bien sûr nous n'étions pas pour les 35 heures mais elle aimait la blanquette... Sa gourmandise était pour nous un bon point.

Quelqu'un qui aime la bonne cuisine et les bons vins, même si ce quelqu'un promeut des durées de travail incompatibles avec nos métiers, ne peut être complètement mauvais. Et si pour ces 35 heures on lui avait fait porter le chapeau ? Du chapeau à la toque...

Avec Marc Blondel du syndicat FO, il ne faut pas se fier aux apparences ! Il aime la bonne table, les bons cigares, la corrida. Il a été serveur de restaurant, loufiat dit-il. Après avoir servi des clients, il a servi son syndicat : Force Ouvrière. Pour faire avancer ses idées, il a bloqué plusieurs jours la France entière. Alain Juppé n'est pas le seul à s'en souvenir. Défendre les salariés fut sa mission, son état. Parler avec les patrons ne lui était pas difficile : le ton changeait selon qu'on était en public ou en privé, mais la détermination restait la même.

Adversaire comme au rugby, partenaire comme au tennis, il savait ne jamais être ennemi. Rond de visage et de silhouette, il savait se montrer anguleux dans la négociation. Il n'avait d'élastique que les bretelles, jamais la conscience.

S'il est toujours passionnant d'approcher les grands de ce monde et les personnalités politiques et d'entrevoir leurs petites faiblesses sous le masque de l'autorité, fréquenter et traiter avec leur aréopage qui tutoie le pouvoir laisse tout autant dubitatif qu'admiratif. Voyez ce qu'il en est des soutiers des ministères. Un dir'cab'stressé est un pléonasme ; un dir'cab'zen n'est pas loin de la sortie. Fous des 35 heures au point d'en faire le double par semaine, on les reconnaît à leur démarche pressée, à leurs pas raccourcis mais rapides. Dans leur bureau où il leur est impossible de rester assis longtemps pour cause d'appels téléphoniques incessants ou d'entrées discrètes d'huissiers, ils sont retranchés derrière des piles de dossiers en forme de créneaux. Leurs téléphones sont multiples et polychromes comme des emblèmes à la fois de leur pouvoir et de leur sujétion. Certains sonnent ou clignotent, d'autres restent cois : c'est qu'ils servent à appeler, jamais à répondre.

On dirait qu'ils ont plus de cinq doigts à chaque main, tant ils savent manipuler portable, lettres, clavier d'ordinateur : quels formidables pianistes virtuoses doivent-ils être ! Les convier à déjeuner, c'est les faire partir en récréation. Ils ne détestent pas, à condition que le restaurant soit bien choisi.

Mais le pouvoir ne peut se passer d'esclaves et, les esclaves, ici, sont consentants. Au motif que leur patron ne compte ni ses jours ni ses heures, les conseillers, les assistants parlementaires, les attachés de cabinet sont priés de cesser de compter les leurs. Corvéables à merci, et bientôt taillables, ils ont voulu se rapprocher du pouvoir en menant la même vie que ceux qui l'exercent. Ils en espèrent des avantages futurs, mais en attendant, ils en subissent les inconvénients présents. Défenseurs de leur patron, la défense ne connaissant ni horaires ni jours fériés, ils sont toujours en ligne, ils campent au créneau. Et quand ils doivent attaquer, ce n'est plus l'heure ni le jour qui comptent, mais l'opportunité qui commande. Ceux d'entre eux qui étaient pour les 35 heures ont dû travailler 70 heures pour les installer. Mais l'ambition étant ce qu'elle est, le nombre de candidats à ces postes harassants ne diminue pas. L'ambitieux ne s'accommode pas de la modération dans l'effort.

Dans cet aréopage pullulent ceux que j'appelle les doubles crânes. De même que les bus de Londres ont deux étages, certains de nos dirigeants semblent pouvoir loger deux cerveaux dans leur crâne en général dégarni. L'activité intellectuelle intense semble contrarier chez eux la pousse des cheveux. Ils ne font pas penser qu'aux bus londoniens, ils prennent, quand ils réfléchissent, l'air du béluga qui sort la tête de l'eau pour respirer. Sauf que le béluga, réservoir du meilleur caviar, a l'œil aimable, souvent bienveillant.

J'ai eu l'occasion de rencontrer messieurs Fabius ou Giscard d'Estaing que j'admire beaucoup, j'ai pu côtoyer monsieur Alain Juppé pour qui j'ai beaucoup d'estime, mais leur œil, quand ils réfléchissent sous leur double crâne, est inquiétant : on dirait qu'ils regardent vers l'intérieur pour contrôler le fonctionnement du cerveau. Ordinateurs à deux pattes, machines à penser, à déduire, à échafauder, dressés dans la seule école qui vaille mais qui n'a pas encore atteint le siècle, ils administrent. Leurs capacités intellectuelles sont remarquables, leur faculté d'adaptation aussi : il y en a autant à droite qu'à gauche sur l'échiquier politique. L'enseignement qu'ils ont reçu a développé beaucoup de leurs qualités, mais n'aurait-il pas mis sous l'éteignoir cette fabrique d'étincelles qu'est l'intuition ? Ce sont les grands commis de l'État. Ils sont compétents, solidaires, quelquefois un peu méprisants… on dirait le clergé du Moyen Âge.

À propos de clergé, il se confirme bien que l'habit ne fait pas le moine… du moins ne fait-il plus les archevêques. Le costume de lumière des toréros n'est que peu de chose à côté de celui que portaient les archevêques. Somptueux, scintillant, fait de tissus où le métal avait sa part, il captait, multipliait et magnifiait les lueurs des cierges. L'électricité qui sait tout faire scintiller lui a sans doute porté tort... Après le petit père Combes, les archevêques n'élèvent plus de protestation mais ils s'habillent en protestants. Bien sûr, le rouge de la Légion d'honneur ressort mieux sur le gris du costume de clergyman que sur la pourpre de l'ancien habit. Est-ce une consolation ? L'ancien costume représentait l'Église, le nouveau se contente d'habiller celui qui la sert. La modestie après l'emphase.

Je dirais qu'il en va de même avec le corps préfectoral. Il aura fallu un bon siècle pour que dans les murs du palais épiscopal qui, à Auch, sert de logis aux préfets, ceux-ci cessent de se prendre pour des archevêques ! Quoique certains...

Bons administrateurs pour la plupart et tous dévoués à la petite principauté dont le pouvoir central leur a confié la gérance, ils y passent, sauf exception météorique, entre deux et quatre ans. Administrer en restant populaire est un art délicat pour un élu, c'est à peu près impossible, mais pour un préfet, c'est beaucoup moins risqué. Certains finissent une carrière honorable, d'autres commencent une carrière prometteuse, d'autres encore ne font que passer, mais tous adorent leur département comme ils ont adoré le précédent et comme ils adoreront le suivant. C'est leur point commun avec Édith Piaf qui a sincèrement adoré tous ses amants successifs.

Dans le paysage des hommes de pouvoir évoluent aussi les grands patrons du monde économique, celui qui a en réalité le pouvoir. Comment faire son affaire au monde des affaires ? Portrait type dans les rangs du MEDEF : énarque, baron, riche et pourtant pas ~~con~~ car de l'énarque il a la compétence, du baron l'assurance et du riche l'opulence mais certainement pas l'ostentation. Il sait rester au-dessus de la richesse quand il exerce ses fonctions. Disponible, amical presque, il sait tutoyer au bon moment. Chaleureux devant trois mille personnes comme en petit comité, il garde cependant un œil lucide, froid peut-être. On a parlé du feu sous la glace mais chez lui la glace ne serait-elle pas sous le feu ?

C'est dans cette galerie des hommes d'affaires que l'on en trouve un qui aura particulièrement marqué le monde de la restauration au siècle dernier et accompagné son grand virage. On lui doit la première chaîne de restauration rapide française, le ticket restaurant, le premier Restoroute : gilet obligatoire, chiffres toujours en main comme on brandit l'épée, et monté sur ressort, il a fait le siège du Parlement européen dans sa croisade pour la baisse de la TVA dans la restauration. Bien droit dans son costume trois pièces, la voix forte, la phrase assurée, il sait et dit que les jugements des chiffres sont sans appel, mais il essaie néanmoins de le prouver et c'est là que quelquefois ses auditoires décrochent. Il n'est pas toujours bon de prouver l'évidence. Sa carrière, cependant, aura marqué les milieux de l'hôtellerie-restauration par de formidables réussites et par des échecs dont il ne porte pas toute la responsabilité. C'est notre Zébulon à nous : Jacques Borel.

CHAPITRE 9

Grandes gueules

De l'économie hôtelière à celle du tourisme, il n'y a qu'un pas que les politiques ont bien du mal à faire sans trébucher. Le terrain est complexe. Et pourtant, le jeu en vaut la chandelle. Défendre les artisans, les cuisiniers, ceux qui travaillent autant avec leurs mains qu'avec leur tête, ne lui était pas difficile : c'était ainsi que, ministre artisan, il a toujours exercé son métier puis, plus tard, ses mandats. Homme de terrain plus qu'homme de Bercy, il savait et sentait ce qui ferait du bien, faciliterait la vie, mais aussi rendrait plus efficaces toute l'infanterie de l'économie, tous les fantassins du tourisme que sont les métiers de bouche et de l'hôtellerie. Il savait leur parler et ils savaient lui répondre à lui qui, modestement, était sûr que le but de la politique, c'était de rendre possible ce qui était souhaitable. C'est ce qu'Hervé Novelli a fait jusqu'à ce qu'on le remplace sans que l'alternance y soit pour quelque chose.

Quand ils bénéficient d'un ministère, les acteurs du tourisme pensent qu'enfin la haute administration va prendre au sérieux cette activité essentielle. Quand le tourisme est noyé dans un secrétariat d'État au milieu d'autres secteurs, ses acteurs pensent qu'enfin ils sont reconnus comme les autres activités de l'économie. Les malheureux ne comprennent pas que leur monde est tellement divers, tellement tentaculaire, tellement créateur d'emplois qu'il finit par faire peur à l'énarque moyen : il ne sait pas par quel bout le prendre, il ne sait pas à qui parler ni sur quel ton. Il n'y a pas les deux ou trois grosses entreprises faciles à aider et à qui rappeler les aides reçues. Le petit bout de la lorgnette semble le seul à la portée de ceux qui veulent connaître le tourisme et c'est… 6,5 % de notre PIB. *No comment.*

L'expérience syndicale ne tourne pas toujours qu'autour d'une table, la rue en fait partie. Les restaurateurs y sont aussi descendus. Comme chacun ne le sait peut-être pas, une manifestation de rue se prépare, s'organise et se prévoit avec les services du préfet de police qui doit évaluer le nombre probable de manifestants en même temps qu'est décidé l'itinéraire avec les organisateurs, c'est-à-dire des personnes physiques et non pas des organisations.

Ce jour-là, nous souhaitions nous faire entendre autour de l'Assemblée nationale. Secteur sensible. On me demande si j'ai une idée du nombre de manifestants. Je réponds que, nos adhérents venant de province et les Parisiens n'étant pas tous portés à la manifestation, nous serons quatre ou cinq cents. Nous sommes venus à trois mille ! Et pas des étudiants agités mais un peu fluets. Il devait bien y avoir la moitié des restaurateurs en colère qui pesait le quintal. Au premier choc, les barrières et les CRS reculent de trois mètres. Le commandant des CRS me fait appeler et nous arrêtons pour un temps les hostilités :

« Que voulez-vous ? me demande cet officier en chemise blanche réglementairement repassée aux sept plis.

– Nous voulons être reçus par les députés.

– Mais, on me rapporte que vous êtes venus avec des projectiles.

– Des projectiles, allons, dis-je, soyons sérieux ! »

À ces mots, un œuf et une tomate lancés de main experte atterrissent sur sa chemise. Furibond, il donne un ordre, s'en va et revient casqué et vêtu de noir en même temps qu'un groupe lanceur de grenades lacrymogènes… et lacrymogènes elles le sont : ça pique aux yeux, dans les oreilles, dans la barbe. Bref, tout le monde se met à pleurer, les CRS aussi, à cause du vent tournant. C'est ce jour-là que nous avons pleuré sur les épaules des CRS : ça crée des liens.

Des liens… nous eûmes l'occasion d'en avoir d'autres. Et des cocasses. Il y eut ce jour où nous remplissions toute la rue entre Bercy et la gare de Lyon : ça fait du monde. D'un côté ça gueulait : c'était nous. De l'autre on devenait un peu nerveux : c'était les CRS. Demande d'audience : refusée. Invectives : renouvelées. Voilà face à face et à moins de vingt mètres de distance nos dix mille restaurateurs furibonds et nos CRS inquiets. J'aperçois à un moment un CRS et un de mes manifestants en pleine engueulade. Je m'approche dans le *no man's land* et j'entends mon collègue reprocher au CRS de lui avoir envoyé une tomate. Le CRS lui disait :

« Que voulez-vous que je vous envoie d'autre ?

– Des grenades ! Moi c'est des œufs et des tomates, vous, c'est des grenades : chacun son boulot ! »

L'humour, ma foi, les CRS n'en sont pas aussi dépourvus qu'on voudrait nous le faire croire. À preuve… Quelques semaines après Bercy, je reçois au siège de l'UMIH une convocation au commissariat du 10e. Toutes les déclarations préalables faites, le fonctionnaire me dit :

« Dans vos manifestations, quelles sont vos armes ?

– Des œufs, des tomates et de la farine. »

Et j'avoue que quand les trois enfermés dans le même sac plastique arrivent sur un CRS, il est instantanément transformé en arbre de Noël.

« Utilisez-vous des pétards ?

– Non, jamais.

– C'est embêtant, car un CRS qui défendait l'accès de Bercy en a reçu un dans son casque. Il a éclaté près de l'oreille et il dit avoir perdu l'audition d'un côté. »

Il ajoute : « De plus, il vous impute son divorce après cet incident ». Je lui ai dit que s'il avait divorcé, c'était qu'il ne s'entendait plus avec sa femme.

Heureusement le commissaire avait de l'humour.

Quant à une police polie, ce n'est pas non plus qu'une vue de l'esprit. Philippe Massoni, grand préfet de police s'il en est et collègue agréable au Conseil économique et social, avait l'œil – et la main quand il le fallait – sur toutes les manifestations que Paris produit. C'est ainsi que, préparant une manif de plus, ayant décidé en commun de l'itinéraire et de l'horaire, il fit servir, dans un très beau service, un bon café. « En conclusion, dit-il, Monsieur le président, j'espère que tout ira bien, car le responsable c'est vous, et vous en subirez toutes les conséquences. Encore un peu de café ? »

Le contact physique, du moins sa menace, dans la négociation, n'est pas seulement l'apanage de la rue. Ce type de friction qui dépasse le verbe, on le trouve aussi sur le terrain feutré des salles de réunions et des couloirs qui y conduisent. En ce qui me concerne, il y a longtemps que j'ai appris à sortir des vestiaires…

« Si tu fais le moindre faux pas, tu es mort ! me dit-il.

– Si tu me confirmes cette menace, je te fais une tête au carré, répondis-je.

– Je te confirme.

– Alors tu sors avec moi tout de suite. »

Comme l'averse menaçait, il a préféré rester au sec. Il était peut-être téméraire mais certainement pas courageux.

Pour une fine gueule, avoir de la gueule, c'est quand même la moindre des choses ! Autant dire que je n'ai jamais fermé la mienne qui fut même étiquetée chez les *Grandes Gueules*. En regardant de plus près les présidences, la légèreté de l'une des miennes, circonscrite il est vrai à l'échelle d'un événement qui n'a pas franchi les frontières du canton d'Auch nord-est, me ramène à la parenthèse médiatique où je me suis jeté avec fantasia. « Je viens d'être élu président des Transports publics de Marseille » déclarait sans forfanterie Karim Zéribi, l'ancien footballeur professionnel devenu homme politique marseillais et député européen.

« Et moi, je viens d'être élu président du jury du concours de chapeaux de Montaut-les-Créneaux », ai-je répliqué à la satisfaction des habitants de Montaut, un bien beau castelnau coiffant une colline à une aile de moineau d'Auch, où le frère de Pierre Péret est venu trouver une retraite paisible, et des auditeurs assidus des *Grandes Gueules*. C'est dire la liberté de ton et de parole qui règne dans les studios de RMC où j'ai pu dire d'un conseiller fiscal qui avait des prostituées dans sa clientèle qu'il était « fiscothérapute ».

« Dans cette émission, quand parlent les types de 100 kg, les types de 60 kg écoutent ! – Alors ferme un peu ta gueule ! » Telle fut la teneur de mes premiers contacts avec Jacques Maillot dans l'émission *Les Grandes Gueules* de RMC. Habilement animées, mais elles n'en avaient pas besoin, habilement tempérées plutôt par les amis Marschall et Truchot, professionnels de qualité, ces rencontres radiophoniques permettaient de découvrir des gens d'un côté comme de l'autre du micro. Rares étaient ceux qui laissaient la place au doute, au mol oreiller du doute, comme disait le philosophe gascon. Beaucoup pensaient que c'était plus vrai quand on le disait plus fort : ils se réfugiaient dans le péremptoire et c'était un peu gênant. D'où ce titre.

Éclats de rire et coups de gueule : Jacques Maillot se posait là. En fait, il y avait deux Jacques. Les V2 au-dessus de Londres faisaient un bruit de pétrolette rassurant : tant qu'on les entendait, c'était qu'ils volaient encore. Dès que le bruit s'arrêtait, l'explosion n'était pas loin. Avec Jacques Maillot,-c'est pareil. Il arrive en pétrolette, coiffé d'un casque qui le fait ressembler à un cèpe et derrière une cravate tellement bariolée qu'on s'étonne qu'elle ne clignote pas. Dès que le bruit de la pétrolette s'arrête, c'est lui qui prend un relais sonore immédiat… et il arrive qu'on regrette les décibels de la pétrolette. Il parle en effet fort et beaucoup. Il pense tout connaître sur tous les sujets et il le fait savoir. C'est un représentant éminent et péremptoire de l'extrême centre dont les avis sont souvent intéressants, toujours documentés. Certains disent qu'ils seraient arrivés à le convaincre sur quelques sujets. Il y a deux Jacques Maillot dont un aux *Deux Ânes*. L'un est humoriste de son état et il sait nous faire rire. L'autre nous fait rire aussi mais pas toujours exprès.

Avant d'entrer dans le poste et la lucarne, j'en avais déjà côtoyé les coulisses, une poignée de journalistes et autres gens de télévision venus chercher leur bonheur dans le pré ayant fini par être naturalisés gersois. Michel Cardoze nous a appris comment associer des inattendus pour parler du temps. Du temps qu'il fait ou qu'il va faire, pas du temps qui passe. Une fleur, généralement un anthurium, une moustache, et un poète avec, comme chef d'orchestre, un homme de culture. C'est ainsi que la rubrique météo que nous avons connue studieuse et exacte est devenue primesautière mais non moins exacte. Du bon vieux temps, nous sommes passés au joli temps qu'il va faire : le temps nous faisait une fleur. Le moustachu Michel Cardoze a eu des successeurs de talent, mais lui fut le précurseur. L'écrivain espagnol Ramon Gomez de la Serna est revenu dans ses livres, mais la foire aux fleurs de Fourcès, ronde et belle bastide gasconne où il a élu domicile, est présidée par Michel Cardoze.

À deux pas de chez lui, une consœur l'a précédé sur les terres gasconnes après être tombée en amour de la demeure du plus royal cocu de l'Hexagone devenu séducteur posthume. Plus cocu que le marquis de Montespan, ce n'était pas possible. Cocu et gascon : mélange explosif. Jamais ce gentilhomme ne s'est accommodé de cornes qui auraient pu être d'abondance pour toute sa famille. Jamais il ne s'est résigné, jamais il ne s'est soumis : il était gascon. Jamais il ne pardonnera à sa femme, Françoise-Athénaïs, favorite de Louis XIV. Jamais il ne supporta les pieds du roi dans ses plates-bandes conjugales : il était cocu de son état. Mais l'État, c'était l'autre.

Et voilà que trois siècles après, il séduit, par château interposé, une des deux panthères roses que France-Inter offrait à ses auditeurs dans les années soixante-dix. Et la panthère à griffes douces, c'était Ève Ruggieri. Elle se mit à entretenir le château de celui qui avait toujours refusé que sa femme soit entretenue. Du goût, de la peine, de l'argent et quelquefois une déception ont fait du château du marquis de Montespan, à Beaumont-sur-l'Osse, ce qu'il est. Existe-t-il une artiste, une honnête femme qui ait pu faire autant qu'elle pour le bonheur de notre Gascogne ? Pas sûr. Cette Ève-là a bâti un paradis et on ne voit pas de serpent parmi les animaux de fer qui gardent cour et douves.

Esprit et spiritueux, êtes-vous là ? Il faut pour cela remonter le temps. Prieur d'Eauze il y a à peine sept siècles, nommé cardinal en 1313, c'était quelqu'un dont la parole comptait. Il avait nom Vital Dufour. Il s'était mis en tête d'énumérer les qualités de ce produit de la distillation qui deviendra l'armagnac. À ses yeux, l'eau-de-vie de Gascogne avait autant de vertus qu'Ali Baba avait compté de voleurs : quarante. Usage externe, usage interne, l'armagnac est bon pour tout : et il est bon tout court.

Ceci ne pouvait échapper à Jean Castarède, Gascon d'origine et Gascon original. Armagnacais depuis six générations, il sait faire, et grâce à Vital Dufour, prieur et faiseur de papes, il fait savoir. Il aurait même réussi à persuader la Sécurité sociale des bienfaits universels et préventifs de l'armagnac puisqu'elle les a reconnus en créant la carte Vital. Peu de gens en connaissent la véritable origine.

Au registre des stars du petit écran revenues sur leurs terres natales pour y réveiller un patrimoine oublié, il faut citer la résurrection du monastère de Saint-Mont par une enfant du village devenue journaliste de télévision. Insurrection de bonnes volontés et retour aux sources. C'est vite dit, mais il a fallu le faire. Il a fallu de l'argent pour les murs, mais surtout une volonté de Gersoise associée à un charisme de Gasconne pour que la vie revienne dans des lieux où elle avait crépité il y a longtemps.

Plaisir rustique que de souper dans la cuisine, plaisir raffiné que de déjeuner dans la salle à manger XVIIIe. Du feu dans les cheminées, du monde aux fourneaux, des figurants pour les rétrospectives religieuses ou guerrières, et les Pyrénées sous les fenêtres. Bienfaiteurs de l'humanité serait peut-être un peu trop, mais bienfaiteurs du village et de tous leurs amis serait le titre mérité pour Françoise Laborde et Jean-Claude Paris qui habitent le monastère de Saint-Mont, devenu château.

Demeures de roturiers éclairés, les châteaux gascons me renvoient le souvenir d'un royaume au-delà des Khmers. Avec un petit roi qui semblait toujours avoir un coup d'avance, puisqu'il a régné, éclipses comprises, de 1942 à 2010.

Miroir sous les voitures, fouilles corporelles, et nous voilà debout devant le couple royal avec autour tout le monde à genoux même pour se déplacer. Quelques terrines de foie gras de l'ami Lacroix permettent de passer aux choses sérieuses : la vie des Français.

« Chaque matin, déclare Norodom Sihanouk, je lis *Le Monde* et *L'Équipe*. Non, rectifie-t-il : *L'Équipe* puis *Le Monde* ».

L'un des pères fondateurs de la francophonie aime le foie gras et tout ce qui va avec. Il aime la France, les Français, l'Europe, De Gaulle, mais se méfie de son premier ministre. Cultivé, malin, intelligent, adoré de ses sujets, car il avait en 2008 encore des sujets qui se jetaient à genoux sur son passage. Peut-être parce qu'ils étaient plus grands que lui.

CHAPITRE 10

Azote et autres liquides

Il n'y a pas si longtemps, mais aux yeux de mes petites-filles il y a une éternité, faire de la glace à la vanille était mission délicate.

D'abord on faisait la crème anglaise avec du lait qu'on avait fait bouillir avant qu'il ne « tourne » et avec des œufs dont on avait pris la précaution de séparer les jaunes un par un avant de les fouetter ensemble avec le sucre. Ensuite, on allait chercher chez le glacier, c'est-à-dire chez celui qui les vendait, ces grosses billes de glace lourdes, froides et surtout glissantes qu'il fallait concasser sans éclabousser toute la cuisine. La sorbetière était récurée : c'était une sorte de grand seau de bois dans lequel s'adaptait un cylindre métallique qui laissait entre bois et fer un espace suffisant que l'on pouvait remplir des débris des billes de glace. Une fois refroidie la crème était coulée dans le seau métallique qu'une manivelle et un jeu d'engrenages pouvaient faire tourner grâce à l'énergie musculaire du volontaire désigné… et je le fus souvent ! Mais l'astuce principale pour que la glace prenne, c'était de jeter sur les glaçons quelques poignées de gros sel. On recouvrait le tout d'une toile et en avant pour le tourniquet… C'était long et aussi lassant que le moulin à café à manivelle que l'on coinçait entre nos jambes et qui nous pinçait la peau des cuisses.

L'envie de goûter la glace à la vanille, et à cette époque la glace était à la vanille et quelques rares fois au café, nous saisissait. On déshabillait la sorbetière en faisant très attention de ne pas laisser entrer des grains de sel et on goûtait d'un index curieux et qui se voulait discret ce miracle de crème qui se solidifiait. Mais c'était toujours trop tôt et on avait envie de goûter à nouveau, donc de risquer une fois de plus de faire tomber du sel dans cet entremets sucré. C'était notre hantise jusqu'à ce que notre apprentissage nous enseigne qu'il fallait toujours un peu de sel dans le sucré.

Si j'avais su que plus tard et grâce à l'azote liquide tout ceci se ferait en un clin d'œil ! Trente ans allaient séparer la glace au gros sel dans sa sorbetière en bois de ma première glace aux pruneaux à l'azote.

1976 fut l'année où grâce à un centre d'insémination artificielle un problème qui me préoccupait fut résolu. Depuis longtemps je cherchais l'équivalent négatif en température de la friture que nous connaissons. Mon ami André Canal, inspecteur de l'INAO et surtout sauveur du madiran qui dans les années cinquante était menacé de disparition, me parlait de neige carbonique mais elle n'atteignait que – 90 °C. Devant mon entêtement il me dit : « Si tu veux du froid sans goût ni odeur ni couleur, il n'y a que l'azote liquide mais c'est difficile à trouver. »

Dans les petites villes tout se sait ; dans les grandes aussi, mais moins vite. Peu de jours après, le hasard m'interpella : « Sais-tu dans quoi on conserve la semence dans les centres d'insémination ? » s'enquit mon interlocuteur tout fier du scoop qu'il me réservait. « Dans de l'azote liquide ! Et tu sais où est le centre dans le Gers ? À Aubiet ; à moins de quinze kilomètres d'Auch. »

Je fonçai illico à Aubiet pour me trouver face à une cuve de plusieurs mètres cubes d'azote liquide… et rien pour la transporter. Pour l'azote liquide, le plus cher et le plus dangereux, c'est le transport. Et dans l'état actuel du circuit de distribution de l'azote, il est aujourd'hui toujours difficile de s'en procurer de petites quantités : les ménagères devront patienter encore.

Devant ma déception, aussi près du but, le directeur du centre d'insémination, sans rancune alors que mon copain de rugby Jean Brouqueyres l'avait récemment traité de branleur, me proposa de me prêter un container d'inséminateur itinérant. Proposition acceptée avec enthousiasme. Recommandations notées sur tous les dangers de ce produit. Me voilà reparti pour Auch. Le soir même, il y avait de la glace aux pruneaux à l'azote et du foie gras dans l'azote au menu.

C'était en 1976. Je commençais à intéresser les convives à la viande de *toro*, et pas seulement en daube.

Du beau taureau blond d'Aquitaine payé pour améliorer la race au *toro bravo* de corrida qui vient chercher dans l'arène une gloire tragique, il n'y a chez nous en Gascogne, terre de tauromachie, qu'un lourd galop qui conduit en cuisine. Il est grand temps de digérer les mythes : finissons-en à table avec le taureau ! À l'heure de la féria de Pentecôte à Vic-Fezensac, les aficionados se pressaient chez moi, quand le lundi était encore jour férié, pour dîner de *toros*.

Que le *toro bravo* soit indigeste n'est vrai que pour les toréros à cause des cornes et des sabots : ils savent bien qu'une *cornada* ou un coup de pied sont difficiles à digérer. Pour ce qui est de sa viande, et malgré les dires des adversaires de la corrida qui, je l'espère, sont tous végétariens, je la tiens pour plus légère que celle du bœuf qui a voyagé trois ou quatre jours, sans manger ni boire, avant d'être parqué pour l'abattage en série. Plus légère, ô combien, que celle du cerf ou du chevreuil forcé à la course et dont les toxines ont eu tout le temps d'imprégner les tissus musculaires.

En effet, le taureau de combat termine sa vie dans l'arène en quinze ou vingt minutes : les dix dernières sont dures pendant lesquelles se produit une détérioration de la viande par les piques puis par l'épée, mais l'animal est tué avant d'être épuisé. Saignée immédiatement, sa carcasse est rapidement séparée en deux : l'arrière avec le dos intact d'un côté ; l'avant de l'autre, avec les épaules et le *morrillo* très abîmés.

L'arrière est donc celui d'un animal adulte, chose rare de nos jours ; vieux de quatre ou cinq ans d'herbes et non point d'une farine et demie ; qui a couru, s'est nourri librement de ce qu'il a voulu, a été obligé de se déplacer beaucoup pour trouver nourriture et boisson sur de vastes pâturages non cultivés. Bref, cet animal est comme les herbes de Mességué : naturel.

Cela ne suffirait pas pour qu'il soit bon : je me souviens d'un singe boucané au Gabon qui, bien que des plus naturels, n'était pas mangeable.

En réfléchissant un peu, on doit être frappé par l'analogie dans la vie et dans la mort de ces taureaux avec les anciens bœufs de labour qui étaient abattus, sans beaucoup de précautions et pas toujours très rapidement, à l'âge de cinq ou six ans : la viande des uns comme des autres est rouge-violet et dure dans les quelques jours qui suivent la mort. Il convient de savoir appliquer les recettes qu'il faut à cette chair de haut goût, goût de bœuf et non de gibier. Il n'y a pas de goût de gibier, il n'y a que le goût dévoyé de certains faisandages ou de l'alcool abusivement ajouté.

Il faut donc préparer tour à tour et suivant leur consistance : tout de suite le filet, plutôt poêlé que grillé puisque la viande de taureau est plus maigre que celle de bœuf. Dès le lendemain, on peut mettre à mariner une belle daube qui sera cuite avec une abondante garniture de légumes et un vin corsé, étant donné que cette viande demandera davantage de temps de cuisson. Les jarrets peuvent faire un pot-au-feu de haut goût et qui pourra même se prendre en gelée pour les dîners de l'été avec garniture de légumes frais et peut-être, en plus, estragon et groseilles. Le globe de cuisse quant à lui devra attendre quatre semaines avant d'être tout simplement rôti (bardé) : le jus de ce rôti est d'un goût totalement oublié. Le train de côtes, enfin, sera longuement suspendu (de trois semaines à un mois) dans une chambre froide ventilée avant d'être utilisé poêlé côte par côte, ou rôti entier – pour le banquet annuel des toréros, peut-être – à condition d'ôter la tranche croûtée qui, à chaque extrémité, a isolé la viande de l'air ambiant. Et puis, allez-vous me dire, vous oubliez le principal : ce qui fait que le taureau est un taureau. Il n'est certes pas question de laisser cette affaire pendante, mais elle me fournit le prétexte pour vous dire que le taureau est, en plus de toutes ses autres qualités, un animal fidèle : si vingt-cinq personnes peuvent se nourrir de ses côtes, une douzaine de ses jarrets, et une trentaine de sa daube, il réserve à une seule portion la dégustation de ses honneurs : à table, le taureau est monogame !

Pas la peine de crier après mes recettes taurines : un tueur n'est pas un assassin. Pour preuve. Il fut un temps où poules, lapins, poulets, pigeons vivants n'étaient pas interdits de séjour dans les cuisines. Mais pour les faire cuire, il fallait d'abord les tuer et les tuer proprement en évitant une agitation dont on savait qu'elle était nuisible au goût et à la consistance. Saigner les volailles, étouffer les pigeons, estourbir les lapins étaient pratiques habituelles et je n'ai pas le sentiment que notre comportement ultérieur en ait été influencé. Il ne semble pas que chez les cuisiniers, les tueurs soient devenus plus qu'ailleurs des assassins.

Nous n'avions pas de télévision, les tronçonneuses n'avaient pas été inventées et le cinéma n'était pas devenu « gore ». Tuer proprement pour manger ne serait-il pas le bon antidote à tuer par procuration ou personne interposée ?

CHAPITRE 11

Recette(s) de cuisine

Un cuisinier fait la cuisine, un chef pas forcément. Un chef a des cuisiniers sous ses ordres, un cuisinier pas forcément. Mais on appelle « chef » tous ceux qui arborent une veste blanche et une toque. Tout le monde semble d'accord sur ce sujet : les clients parce qu'ils pensent avoir une brigade à leur service, les restaurateurs parce qu'ils sont contents de voir leurs clients rassurés par le nombre de cuisiniers qu'ils imaginent dans la cuisine. Il n'y a pas de chef d'orchestre sans musiciens, mais il y a des chefs de cuisine sans cuisiniers. Ça évite la cacophonie.

Premier service, service du soir, service de table, linge de service, service de bouche, service à café, service compris… Le fait est que sans services, point de restauration. Esclave, serf, serviteur, serveur : ce dernier n'en finit pas de porter les stigmates du premier. L'ordinateur, et c'est heureux, est passé par là : un serveur informatique est une puissance cachée et efficace ; le serveur de restaurant n'est ni puissant ni caché, même s'il est efficace. Intelligent, rapide, réactif et souvent bien plus que ceux qu'il sert, il est un des grands serviteurs de la profession, de même que les énarques peuvent être de grands serviteurs de l'État.

Mais pourquoi ce relent de servitude demeure-t-il attaché à la notion de service ? Pourquoi le million d'actifs des métiers de l'hôtellerie et de la restauration ne bénéficie-t-il pas de la même considération que les actifs de l'industrie ?

De cette industrie qui licencie et délocalise, mais que l'État aide puissamment et que la presse respecte. Capitaine d'industrie, mais adjudant de service.

La vie, c'est le désordre. Alors, Dieu merci, l'hôtellerie-restauration est bien vivante. Indisciplinés, ingouvernables, tous chefs, généreux et amicaux, tels sont ceux qui en font métier. Travailleurs opiniâtres (on ne connaît pas d'autre activité ou, patron compris, on travaille autant), ils lèvent rarement la tête du guidon et ne voient souvent l'obstacle que trop tard. La plupart du temps passéistes, mais pour la table ce n'est pas un inconvénient, ils laissent (à part une petite minorité) d'autres qu'eux lancer les modes ou déchiffrer les nouvelles techniques.

Sous une rudesse de façade, ils essaient d'oublier que si ailleurs le client est roi, chez eux il règne. Oui mais régner est une chose et gouverner en est une autre et pas la plus facile.

Gouverner une maison, c'est affronter tous les jours le diable puisque, chacun le sait, il se cache dans les détails. Saler très à l'avance avec moins de sel, ou saler après cuisson ? André Guillot[1] pratiquait la première méthode et ses coquilles Saint-Jacques devenaient translucides comme des dents de lait.

Commencer les bouillons de viande à froid pour, comme beaucoup le pensent, mieux extraire le goût, ou comme Hervé This le dit : « à chaud ou à froid c'est du pareil au même » ?

---

1. André Guillot (1908-1993) : chef de l'*Auberge du Vieux Marly* à Marly-le-Roi, il est considéré comme l'inventeur de la cuisine légère et un précurseur du renouveau de la cuisine française. Il a formé, entre autres : Jean-Marie Amat, Arnaud Daguin, Pierre Darroze, Alain Dutournier…

Cuissons lentes sans choc thermique ou cuissons vives avec réaction de Maillard ? Tout dépend de quoi et de qui il s'agit.

Faut-il avoir une collection de livres de recettes ? Oui sans doute parce que c'est très beau sur une étagère et très utile surtout, si l'on ne se croit pas obligé de les ouvrir trop souvent et certainement pas le jour de la réalisation de la recette choisie.

Faut-il préférer, quand on est maîtresse de maison, les recettes de longue cuisson ou celles que l'on réalise au dernier moment ? La couleur des joues de l'hôtesse vous dira la méthode qu'elle a choisie quand vous passerez à table.

Les deux ou trois heures d'un repas sont un moment agréable pour le goût, l'œil, l'oreille (quelquefois le toucher), mais rien n'est gagné tant qu'on n'est pas sûr que les trois heures suivantes ne seront pas un calvaire. Ici comme ailleurs, le bon sens doit primer et il faut naviguer entre Rabelais, « fais ce que voudras », et le tout simple « mange et bois de tout, mais pas trop de chaque ».

À mes petites-filles, dont je ne suis pas sûr qu'elles feront le contraire de ce que je leur dis, je lègue quelques recettes. Non pas de cassoulet de fèves ou de glace aux pruneaux, elles auront tout loisir d'y apporter leur grain de sel ou de sucre ; mais des recettes pour bien organiser l'espace cuisine et le doter du matériel basique qui permet de cuisiner simplement, confortablement. Avec ou sans partition, mais non sans quelques règles culinaires qu'il vaut mieux connaître sur le bout des doigts si l'on veut mieux se les lécher ensuite.

Vous avez de la chance, vous vivez l'époque où à la cuisine, on est passé de la bourrique au pur-sang. Une bourrique, il faut en permanence la pousser à l'action, le pur-sang lui, doit plutôt être freiné. Eh bien pour la cuisine, c'est pareil. Mais attention, le pur-sang est beaucoup plus casse-gueule que la bourrique.

Maintenant, on ne recharge plus le feu, on se contente de poser sur le piano une casserole qui lui convienne. Les pianos ont des états d'âme, ils ne veulent plus travailler avec des casseroles de terre, ni avec les belles batteries de cuivre dont nous étions si fiers et que les plongeurs savaient faire rutiler. Non, il leur faut de l'acier épais et bien plat. Le cuivre, maintenant, on le réserve aux trompettes qui ne sont pas toujours de la renommée ou aux trombones qui peuvent devenir des fournitures de bourreau.

Ma machine à café, qui en fait du très bon, m'adresse des rappels à l'ordre, voire des réflexions désagréables : « Avez-vous bien vidé les deux bacs ? Avez-vous bien nettoyé le tiroir à café ? Changez tout de suite le filtre. » Elle est compétente, mais il faut lui obéir.

Radiants, micro-ondes, inductions sont à notre service, mais quelquefois nous sommes au leur. Il existe des fours capables de mémoriser la marche de mille recettes. Ils sont si savants qu'on se demande si ce n'est pas eux qui vont enseigner la cuisine aux cuisiniers.

La cuisine ne va-t-elle pas bientôt ressembler à ces orchestres de prestige, parfaitement capables de jouer sans chef (mais sans doute pas sans premier violon) et qui, voulant honorer quelque hôte de passage, lui confient la baguette pour qu'il ait l'illusion de les diriger ?

Maintenant, on sait chauffer sans brûler. Mais attention : ça peut brûler sans chauffer. Pas de fumée sans feu ? Peut-être, mais des feux sans fumée, sûrement.

Bref, ça bouleverse de partout, mais le but recherché reste le même : aller chercher le goût là où il est et le faire arriver dans une assiette sans que son passage par la cuisine ne lui ait fait du tort.
La cuisine, c'est comme la médecine : « *primum non nocere* ». La cuisson ne doit pas détruire, elle doit s'arrêter avant que les chairs ou les fibres ne soient défaites. L'assaisonnement doit être discret et le sel parcimonieux. Le sucré-salé oui, mais en présence d'acide. Le sel avant la cuisson, mais le poivre après. Le liquide, donc la cuillère, doit concerner dans un menu plus que le potage. Les goûts ne seraient rien sans les odeurs et les uns comme les autres doivent bénéficier des consistances.

Les mètres carrés ! En fait, voilà l'ennemi. Il y a deux cuisines : celle que l'on fait, et la pièce dans laquelle on la fait. Débarrassée de son enfer de feu qu'était la cheminée, la pièce cuisine n'a plus besoin d'autant de recul par rapport à la braise pour mettre les cuisiniers à l'abri des calories et des infrarouges qui ont longtemps rôti autant de viandes comestibles que de marmitons.

Le feu, le froid, l'eau, le plan de travail doivent y être facilement accessibles. Il faut donc que celui ou celle qui fait la cuisine, debout devant son fourneau, puisse atteindre, sans se transformer en marathonien, l'évier comme le réfrigérateur dont la porte devrait s'ouvrir du bon côté. Culture physique et cuisine sont complémentaires, mais pas forcément simultanés : pourquoi continuer à mettre les fours au ras du sol alors que, indépendants du fourneau, on peut les installer à hauteur confortable ?

Fourneau au milieu ou contre le mur ? C'est le même et difficile choix dans les écuries que le cheval tête contre le mur (comme en Europe) ou tête dans l'allée (comme en Extrême-Orient). Fourneau contre le mur, c'est parfait pour ceux qui font la gueule en cuisinant, dos tourné aux convives. Fourneau au milieu, c'est la solution pour les cuisiniers amicaux et qui savent partager. Partager aussi le travail, car ceux que l'on regarde partagent mieux les petites corvées d'épluchage, de filetage, de désossage, que ceux à qui l'on tourne le dos. Le cuisinier qui tourne le dos se cache, et s'il se cache, c'est qu'il a quelque chose à cacher.

En cuisine et dans la cuisine, il y a des ennemis : la fumée qu'une bonne aspiration peut envoyer chez les voisins, et aussi les distances. Si plan de travail, feu, eau et froid sont à portée de bras, on a moins besoin de ses jambes. Dans une cuisine bien agencée, on réfléchit plus qu'on ne se déplace.

Trois enfants autour de la cuisine !

L'aînée, Ariane, sacrifie des canards américains et voudrait réserver le même sort aux anti-foie gras dans des confins où semble-t-il la leçon de la prohibition n'a pas été tirée, sauf peut-être par ceux dont elle a assuré la fortune[1].

Le cadet, Arnaud, contrariant, soutient que les légumes existent et qu'on peut même les manger en tant que tels à condition de les cuire autrement. Pour des Gascons carnivores, c'est un peu fort. La dispute a duré tout un livre[2]. « Renverser les proportions dans notre alimentation entre

---

1. Ariane Daguin mène aux États-Unis le combat de la gastronomie gasconne depuis plus de vingt-cinq ans. Elle a publié *D'Artagnan à New York* en 2010 chez Grasset.

2. *1 canard, 2 Daguin, recettes et dialogues autour du canard.* Paru en 2010 aux Éditions Sud Ouest.

l'animal et le végétal redonnera de la valeur au premier ET au second, nous remettra sur la piste d'une alimentation de santé et, je l'espère, nous permettra collectivement de reprendre la main sur ce que nous mangeons et donc sur ce que nous sommes » : tel est le credo d'Arnaud qui inscrit sa croisade contre celle du pot de fer de l'agriculture industrielle. Militant actif du retour à la terre, il cuisine à la ferme, à Hasparren.

La benjamine, Anne, fait sa sucrée en appelant Nostradamus au secours quand il s'agit de trouver des recettes neuves à condition qu'elles soient très anciennes[1]. Pour des biscuits, des calissons, des friandises qui souvent tombent pile dans le goût du jour. Comme son grand frère, elle s'en prend aux multinationales de l'agroalimentaire « qui ont simplifié le classement gustatif de leurs produits en salé ou sucré ». Elle nous invite « à fureter dans notre bibliothèque gustative » pour y retrouver salé, sucré, acide, amer, astringent « comme le verjus qui caresse le palais à rebrousse-poil », mais aussi gras, sec et neutre ; et même l'*unami*, cette sensation d'équilibre exact d'acide et de salé mise en équation en Asie. « Si vous ne prenez pas la peine d'équilibrer les saveurs, votre cuisine, avec les meilleures matières premières, sera juste bonne. Si vous accumulez les techniques, elle pourrait même être mauvaise. Jouez la complexité, pas la complication. Prenez conscience du bien-fondé et des vertus de l'accumulation de saveurs différentes et de leur équilibre. »

L'aînée s'est toquée de tordre le nez à la malbouffe dans le pays qui en est le champion du monde. Sachant que les meilleurs produits font les meilleurs plats, le cadet

---

1. *Le Petit Duc*, sorti des presses du Groupe Horizon, à Géménos, en 2004.

s'attaque à l'arme agroalimentaire qui menace la survie d'une planète peuplée de sept milliards d'humains en prétextant les nourrir. Il était logique, dans ce monde monomaniaque, que la benjamine, en quête des parfums et saveurs, se fasse l'avocat de leur (bio) diversité. Est-ce parce qu'elle vient de l'univers professionnel du sucré (la confiserie est son métier) ? C'est elle qui pointe le plaisir, l'analyse et le met en équation, et en fait le repère de tout cuisinier qui « doit faire avec ce qu'il a ».

Tous trois nous ont, à Jo et à moi, donné des petites-filles qui n'ont pas l'air d'avoir encore envie de nous voir arrière-grands-parents ; mais, mieux vaut tôt que jamais, alors voici quelques conseils qui vont peut-être les éclairer mais sans doute pas les éblouir.

Ayez :

– des couteaux bien affûtés ;

– des casseroles bien épaisses et des poêles bien plates ;

– des planches bien propres ;

– des feux qui chauffent bien ;

– des réfrigérateurs bien froids ;

– fouets électriques, blendeurs, mixers, Pacojets, mélangeurs : autant que vous en voudrez.

Et pour le reste, c'est-à-dire pour l'essentiel, que chacun se débrouille avec ses mains, son instinct et son goût.

Table des matières

Cet ouvrage a été achevé d'imprimer sur Roto-Page
par l'Imprimerie Floch à Mayenne
pour le compte des Éditions Sud Ouest

Dépôt légal : septembre 2013
N° d'impression : 85328
Imprimé en France